습관은 반드시 실천할 때 만들어집니다.

좋은습관연구소가 제안하는 33번째 좋은 습관은 "부모를 위한 긍정 확언 습관"입니다. 아이를 키우는 일은 세상에서 가장 위대하고 힘든 일입니다. 그래서인지 언제나 쉽지 않은 것이 아이들과의 관계입니다. 아무리 다짐하고 애를 써도 아이와 마주하는 자리에서 나도 모르게 화를 내거나 큰소리를 칠 때가 있습니다. 그러고는 곧바로 후회와 미안한 마음을 가집니다. 사실, 자녀와의 갈등은 불가피합니다. 완벽하게 해소할 수 없기 때문에 상처 입지 않고 슬기롭게 넘기는 것이 중요합니다. 그러려면 부모가 자신의 마음을 잘 다스려야 합니다. 긍정 확언 습관은 바로 이같은 부모의 마음챙김을 도와줍니다. 머리로는 알지만, 입과 행동으로는 잘 안되는 아이에 대한 격려와 사랑의 표현, 긍정 확언을 하면서 해보면 어떨까요? 우리 인생에서 가장 소중한 습관이 될지 모릅니다.

확언한답시고, 믿어지지도 않는 말을 무조건 반복하면 오히려 부메랑처럼 반대의 효과가 나타난다. 자기 자신을 부드럽게 설득하는 확언이 건강한 확언이다. 이 책은 충분한 설명으로 "아이를 위하고 엄마를 위하는" 확언의 내용을 독자 스스로 잘 납득하도록 도와주고 있다.

♡ 김정호(덕성여대 심리학과 교수,
『흔들릴 줄 알아야 부러지지 않는다』 저자)

아이에게 가장 중요한 성장 환경은 부모의 마음 상태다. 하지만 거대한 교육 시장은 '낙오 공포'를 조장하며 엄마의 진심을 아이로부터 점점 멀게 한다. 긍정 확언 습관은 엄마의 진심을 회복하는 매우 효과적인 방법이다.

♡ 박재원(부모교육전문가, 교육언론창 기획부장)

1분 40초. 긍정 확언 한 개를 읽고, 잠시 짧게 곱씹어 본 시간입니다. 혹시나 해서 다른 긍정 확언도 스톱워치를 켜놓고 읽어보았습니다. 아무리 길어도 2분. 의도했는지는 모르겠지만 확실한 것은 마음의 빈틈을 내기 힘든 현대인에게 이 시간은 매력적이라는 것입니다.

♡ 안병천(관악FM 대표)

긍정적인 말과 태도가 자녀의 성장과 자아 발전에 영향을 준다는 사실은 누구나 알고 있는 바입니다. 긍정 확언 습관은 이를 어떻게 생활 속에서 잊지 않고 실천할 수 있는지 알려주는 책입니다.

♡ 임기용 코치(한국코치협회 이사)

우리 속담에 '말이 씨가 된다'라는 말이 있습니다. 희망, 지혜, 용기, 인내와 같은 긍정적 감정이 개인의 주관적 행복과 심리적 안녕감을 높여줍니다. '긍정 확언 습관'은 이러한 원리를 바탕으로 하고 있습니다.

♡ 유하진(경희사이버대학교 한방건강관리학과 교수)

남들에겐 격려와 응원의 말은 잘하면서 스스로에게는 참 인색했습니다. 긍정 확언 한 줄 나에게 쓰는 것도 남 눈치가 보였습니다. 한 달 동안 긍정 확언을 써보니(해보니) 자존감도 올라가고 부정적으로 생각하던 사고 패턴이 놀랄 만큼 나에 대한 사랑으로 채워졌습니다.

♡ 이지영(학부모)

엄마부터 행복해지겠습니다

긍정 확언 습관

글을 열며…

“자식을 키우는 데 오만 자루의 품이 든다”는 속담이 있습니다. 자식을 키우는 데 부모의 공력은 헤아릴 수 없을 정도로 많이 든다는 뜻입니다. 제 첫 책 『엄마교과서』의 추천사를 써주신 작가이자 진로적성 전문가이신 오평선 선생님께서 알려주신 속담입니다.

사실 부모도 부모가 처음입니다. 첫 솔로 운전에 나서는 초보 운전자와 같습니다. 그래서 길을 나서기 전 아이를 먼저 키워 본 분들의 경험담을 열심히 귀

동냥 해서 듣습니다. 그리고 육아 책도 읽고, 훈육이나 교육, 아동 심리에 관한 책도 구해봅니다. 하지만 처음 가는 길은 여전히 낯설기만 합니다.

오랫동안 많은 부모님들을 지켜보고 만나오면서 가장 중요하다고 생각했던 부분은 "부모가 행복해야 아이도 행복하다"는 것입니다. 내 마음처럼 되지 않는 자식을 아침 저녁으로 대하다 보면 저절로 한계도 느끼고, 안 그래야지 하면서 곧바로 후회하는 행동도 합니다. 그러다 이런 일이 점점 반복되면 부정적인 생각을 하거나 스스로를 불신하는 일도 생깁니다.

그래서 부모가 행복하기 위해서는 무엇보다 스스로 마음을 추스릴 수 있는, 그래서 사랑스런 자녀에게 부모의 따뜻한 마음을 전달할 수 있는 '마음챙김'이 무척 중요합니다. 저는 앞으로 '긍정 확언'을 통해 부모님의 마음챙김, 엄마의 마음챙김을 돕고자 합니다.

확언(確言)이란 무엇일까요? 뜻 그대로는 '확실하

게 말함'을 뜻합니다. 그런데 우리는 여기에 좀 더 의미를 부여해, "어떤 대상이나 현상을 말로 표현함으로써 우리의 무의식이 이를 믿도록 하는 것"으로 정의하려고 합니다.

긍정의 말을 자주 하는 사람은 긍정적인 사고 방식이, 부정의 말을 잘 하는 사람은 부정적인 사고 방식이 머리 속에 새겨진다고 많은 뇌과학자들이 말합니다. 마치 콩 심은 데 콩 나고 팥 심은 데 팥 나는 것과 같습니다.

"말한대로 된다"는 과학적으로도 입증된 바가 있습니다. 8주 동안 외상성 뇌 손상 환자들에게 긍정 확언 실험을 해봤더니 피로감과 우울감을 나타내는 점수는 매우 낮아졌고, 삶의 질 점수는 대폭 향상되었습니다. 또 초등학교 아이들에게도 긍정적으로 말하기 프로그램을 진행했을 때 ADHD(주의력결핍 과잉행동장애)가 있는 아이, 학업 성취가 느린 아이, 따돌림 당하는 아이 모두가 긍정적인 방향으로 변했다는 보고서도 있습니다. 이렇듯 긍정 확언의 힘은 정말 대단합니다.

돌이켜 보면, 자녀와의 갈등은 불가피합니다. 완벽하게 해소할 수 없기 때문에 상처입지 않고 슬기롭게 넘기는 것이 중요합니다. 그러려면 부모가 먼저 자신의 마음을 다스리고 평안하게 만드는 것이 중요합니다. 그렇지 않고 불안과 조급증을 가지게 되면 고스란히 그 마음이 투영되어 자녀를 힘들게 합니다. 급기야 보상 심리가 발동되면 자신이 못다한 어떤 것을 자녀에게 요구하기도 합니다. 아이는 당연히 이에 대한 거부와 반항을 표하게 되고, 부모는 아이의 태도에 또다시 상처를 입습니다. 결국 이런 상황의 반복은 부모와 아이 관계를 모두 회복할 수 없는 상태로 이끌고 갑니다.

양육에 지쳐 바닥까지 내려간 자존감을 높이고 싶은 분들, 자아긍정을 통해 삶이 보다 풍요로워지길 바라는 분들, 자녀와의 좋은 관계는 물론이고, 자녀와 함께 성장하고 싶은 분들, 무엇보다 나를 사랑하는 새로운 방법을 알고 싶은 분들에게 이 책을 선물하고자 합니다.

지난 4년 여 동안 제 마음을 다독이고 챙길 수 있었던 확언을 모은 다음, 주로 초등 고학년생부터 중학생 아이를 둔 부모님을 대상에 두고 내용 정리를 했습니다. 여전히 아쉬운 것 투성이지만, 장장 반년에 걸쳐 요리조리 매만지며 최선을 다했습니다.

궁정 확언 습관이 여러분의 하루를 좀 더 의미있게 하는 마중물이 될 거라 약속합니다. 그리고 셀프 힐러가 되어 자녀는 물론이고, 타인에게도 좋은 영향력을 미칠거라 생각합니다. 무엇보다 자신을 사랑하는 마음을 배우고, 자존감을 업그레이드하는 강력한 동력을 얻을 거라 확신합니다.

지금부터 긍정 확언 시작하겠습니다.

긍정 확언이 나오기까지

강의를 시작하면서 만든 용어가 있습니다. '소행성'이라는 용어입니다. 소통하는 관계, 행동하는 관계, 성장하는 관계의 각각의 머리 글자를 따서 '소행성'이라고 이름지어 보았습니다.

강의를 10여 년 넘게 하면서 가장 많이 고민했던 문제는 자녀의 사춘기와 시기적으로 비슷하게 맞물린 부모의 갱년기, 이렇게 첨예하게 대립하는 부모와 아이 사이의 관계였습니다. 저는 아이와의 관계가 어렵고 힘든 부모를 위해 어떤 활동을 습관적으로 하면 좋을까 고민하다 '확언'과 '감사일기'를 생각했습니다. 벌써 5년 전 일입니다. 지금은 저의 확언과 감사일기를 SNS 등으로 공개하면서 많은 분이 함께 해주고 있습니다.

긍정 확언은 어떤 분에게

저는 부모와 아이가 한편이 되는 동반성장을 오랫동안 꿈꿔왔습니다. 제가 냈던 책 『엄마 교과서』는 그런 관점에서 엄마와 아이가 한팀이 되어 할 수 있는 활동을 다루었습니다. 이번 책은 한편이 되기 전에 아이와의 관계가 어렵거나 대화조차도 힘든 부모님을 대상으로 했습니다.

이 분들이 가장 많이 가지는 감정이 화 그리고 미안함과 후회입니다. 전혀 다른 감정 같지만 항상 같이 움직입니다. "아이 때문에 정말 하루도 편할 날이 없어" "정말 미쳐버리겠어" 이렇게 한바탕 화의 감정을 겪다가도 "어제는 왜 아이에게 그런 얘기를 했을까?" "내가 무슨 실수라도 한 게 아닐까?" 이렇게 후회하기도 합니다. 모두 하나같이 아이와의 관계 맺기의 어려움 때문에 발생하는 일입니다.

이런 부모님은 이 책을 읽고 긍정 확언을 같이 함으로써 마음을 다독이고, 다시 사랑의 마음을 아이에게 줄 수 있는 힘을 얻게 됩니다.

긍정 확언의 소재

긍정 확언의 소재는 크게 세 가지입니다. 첫 번째는 '활자와의 만남'입니다. 누구나 공감하는 최고의 간접 경험인 책을 통해 소재를 찾습니다. 그리고 지나가다 눈길을 끄는 간판이나 독특한 광고 등을 메모하거나 사진으로 찍어두었다가 활용하기도 합니다. 두 번째는 '오감과의 만남'입니다. 지하철 이동 중 들리는 사람의 소리, 또는 산책 중에 만난 청설모, 바위 틈에서 고개 내밀고 있는 잡초 그리고 코를 자극하는 빵 냄새 등 오감을 자극하는 모티브도 중요한 소재입니다. 마지막 세 번째는 '현장의 소리'입니다. 우문현답(愚問賢答) 같지만 우리의 문제는 늘 현장 속에 답이 있습니다. 강의나 수업으로 만나는 사람들 이야기에서 아이디어를 얻습니다.

이렇게 얘기하니 뭔가 거창한 것 같지만, 사실 소소한 일상에서 밀도 있는 관찰로 확언의 소재를 얻고 있다고 보면 됩니다.

긍정 확언하는 법

통상 확언이라고 하면, 심리적으로 도움이 되거나 명상 서적에서 볼 수 있는 명언 같은 것을 생각하겠지만, 우리 책에서는 다소 지시적이고 행동에 기반을 둔 확언을 많이 뽑았습니다. 확언을 하면서 내 생각과 행동을 바로 결정할 수 있는 실천성을 좀 더 고려했기 때문입니다.

맨 먼저 이 책 전체를 쭉 이어서 통독하시는 걸 추천해 드립니다. 그런 다음 맨 앞으로 다시 돌아와 하루에 하나씩 다시 읽기를 권합니다. 총 80개 확언으로 주말을 제외한 월요일부터 금요일까지, 5일씩 4주간 한 달 스무 개 기준으로 확언하게 되면 총 4개월이 걸립니다.

매일 한 꼭지씩 읽을 때에는 실제로 소리 내어 확언하는 것이 중요합니다. 혹시 익숙하지 않다면, 확언 문장을 필사하거나 SNS 등으로 타이핑을 해봐도 좋습니다. 그러면서 확언의 의미를 되새겼으면 합니다.

확언은 눈으로만 보지 않고 입과 손으로 발성하고 움직일 때 진짜 힘을 발휘합니다. 혼자서만 하시는 게 어려우면 책 앞날개에서 소개하는 오픈채팅방으로 오셔서 다른 분들과 같이 하셔도 좋습니다.

긍정 확언 선언문

부모의 불안이 1이면 아이의 불안은 100이라는 말도 있습니다. 이 책은 부모가 먼저 긍정 확언을 통해 내면의 평온과 외면의 여유를 찾을 수 있도록 도와주는 책입니다. 엄마의 마음이 평화로워야 자녀와의 관계는 물론이고, 아이의 성장에도 큰 힘이 됩니다. 이 사실을 꼭 잊지 않으셨으면 합니다.

자, 그럼 본격적으로 확언을 만나기 전 긍정 확언 선언문을 쓰고 시작해보겠습니다. 선언문 아래 빈칸을 이용해 선언문을 따라 써보거나 소리 내어, 읽어 보십시요. 에너지가 샘 솟는 걸 느끼실 겁니다.

나 ○○○는 마음을 내어 이 시간을 갖습니다.

나는 온전히 긍정의 마음, 긍정의 언어로 확언합니다.

나는 나와 아이를 더 많이 사랑하고 더 많이 아낍니다.

나는 조금씩 변하는 내 마음과 관계를 환대하며
기쁨으로 맞이합니다.

목차

01

나는 지혜롭게 정보를 받아들인다.

"강사님, 저는 일을 해서 아이에게 줄 정보가 없어요."

일하는 엄마로서 아이 교육에 고충을 털어놓는 분들이 많습니다. 그런데 그럴 필요가 없다고 말씀드립니다. 저는 오히려 정보의 '투머치'(too much), 너무 많은 정보를 우려합니다. '모르는 게 약'이라는 기가 막힌 속담도 있듯 검증되지도 않은, 설령 검증됐다 하더라도 내 아이에게 맞을지 어떨지도 모르는, 그런 정보를 아는 것보다 되려 줄 정보가 없는 게 더 낫다고 생각합니다.

낯선 곳에서 누군가에게 길을 물었습니다. 그런데 어물쩍 얼버무리며 엉뚱한 곳으로 안내해 준 누군가 때문에 길을 잃고 헤맨 적이 있습니다. 그 사람은 나름 애를 쓰며 알려준 거지만 차라리 안 알려주느니만 못한 일이 되었습니다.

탈무드에도 이런 비유가 있습니다. "바닷속에 완전히 가라앉아 버린 배는 항해하는 다른 배에 걸림돌이 되지 않는다. 그러나 절반쯤 물에 잠긴 배는 다른 배에 장애가 된다."

확인되지 않은 정보야말로 독입니다. SNS나 유튜

브에는 비전문가가 마치 전문가인 양 얘기하는 경우가 정말 많습니다. 저는 이런 무분별한 정보에 흔들리느니 차라리 없는 게 낫다고 생각합니다.

정보가 없다고 근심하기 전에 자녀의 표정을 한 번 더 살피고, 마음을 이해해주는 게 필요합니다.

오늘의 확언입니다.

나는 지혜롭게 정보를 받아들인다.

02

나는 느림이 단단함임을 잘 알고 있다.

"저희 아이(초1)는 매사 너무 느려서 걱정이에요. 행동도 느리지만 모든 게 또래보다 느려요. 딱히 선생님께서 별말씀은 안 하시는데, 제가 보고 있으면 답답해요. 그래서 저도 모르게 아이를 채근할 때가 있어요. 그러면 아이는 힘들어하고, 그걸 보는 저는 더 힘들고. 어떻게 해야 할지 모르겠어요…"

사실 저도 두 아이를 키웠고, 지금도 현재진행형이라 어머니 마음 충분히 이해합니다. 그런데 한 번 가만히 생각해보세요. 꽃이 늦게 핀다고 앞서 핀 꽃들을 부러워하거나 시기하나요? 아니면 불안해하나요? 그렇지 않습니다. 왜냐면 때라는 것이 있음을 잘 알기 때문입니다.

언젠가 원예치료사에게 들은 이야기가 기억납니다. 느리게 자라는 나무의 대명사가 회양목이라죠. 100년을 자라도 사람 팔목 굵기가 안 된다고 합니다. 느리게 자라는 대신 속이 단단해 목재나 목각용 나무로 귀하게 쓰인다고 합니다. 저는 조금 더디게 자라는 아이는 회양목과 같다고 생각합니다. 더디게 성장하는 것 같지만, 누구보다도 촘촘하게 자신의 속을 채우고 있을 뿐입니다. 다만 유의해야 할 것은 천성이 느린 것과 다른 곳에 한눈을 파느라 제 할 일을 못하는 것과는 잘 구별해서 보아야 합니다.

다시 한 번 말씀 드립니다. 느림과 더딤은 더 단단하고 밀도 있는 성장을 위한 것입니다. 그러니 너무 괘념치 마시기 바랍니다. 오늘도 조금 느린 내 아이, 느리게 호흡하며 공감해주고 단단한 믿음으로 기다려 주세요.

오늘의 확언입니다.

나는 느림이 단단함임을 잘 알고 있다.

03

나는 선입견을 배제하고

한 번 더 생각하고 행동한다.

어느 종합병원 건물 앞 벤치에 두 의대생이 앉아, 지나가는 환자를 보며 병명 맞추기 내기를 하고 있었습니다.

어떤 남자가 고통스러운 표정으로 허리를 숙이고 엉거주춤 걸어오고 있었습니다. 한 학생이 "류머티즘 관절염이야"이라고 하자, 다른 학생이 "천만에, 저 남자는 허리 디스크가 틀림없어"라고 했습니다. 서로 자신이 맞다며 옥신각신했습니다. 그 사이 남자는 두 학생에게 가까이 오더니 아주 힘겹게 물었습니다. "저… 화… 화장실이 어디죠?"

웃으시라고 드린 유머인데, 재미있었는지 모르겠습니다. 우리는 많은 선입견을 품고 살아갑니다. 어른들이 "요즘 애들은…"으로 시작하는 말도 선입견에서 나왔습니다. 이처럼 우리가 가진 선입견은 생각보다 많은 곳에서 일반화되어 쓰이고 있습니다.

자아가 커가는 아이에게 부모라는 이름으로 하는 섣부른 판단과 결정, 암묵적인 명령 등도 일종의 선입견입니다. 예를 들어 종종 약속에 늦는 아이가 있습니다. 어머니는 일부러 시간을 앞당겨 자녀에게 언제까지 오라고 얘기했습니다. 그랬더니 이번에는 제시간에 맞춰 왔습니다. 아이는 그제야 엄마가 자신에게 거짓말한 것을 알고 화를 냈습니다. 어머니는 “네가 맨날 늦으니 그랬지”하고 둘러댔지만, 아이는 더 이상 엄마를 신뢰하지 않게 되었습니다.

아이가 매일 늦고 지각하는 버릇이 있다면 그 자체로 문제가 있는 것은 사실입니다. 하지만 아이 입장에서는 드러나지 않은 어떤 이유가 있는 것인지도 모릅니다. 그런 상황에서 아이 버릇을 고친다는 이유로 엄마가 거짓말을 하는 것은 옳지 못합니다.

“큰애는 원래 그래” “둘째는 언제나 그랬어” 혹시 무심결에 갖고 있던 선입견 아닐까요? 지레짐작으로 판단한 것은 아닐까요? 다시 한번 생각해보았으면 합니다.

오늘의 확언입니다.

나는 선입견을 배제하고 한 번 더 생각하고 행동한다.

04

나는 그 어떤 순간에도 아이와 한편이다.

"'왜 의사는 공부 잘하는 아이들만 될 수 있는 거예요?' 하고 싶은 일에 관한 이야기를 나누다 아이가 한 말이에요. 아이는 어렸을 때부터 의사가 되어 국경없는의사회나 세이브더칠드런 같은 구호단체에서 아픈 사람을 돕고 생명을 살리는 일을 하고 싶어 했어요. 그러면서 연구보다 현장에서 직접 사람들을 도와주는 일을 하고 싶데요. 그런데 아이 학교 성적이 의대를 꿈꿀 정도는 아니에요. 어떻게 해야 할까요?"

엄마들 사연을 듣다 보면 하소연하는 분이 반, 자신의 이야기에 공감을 얻고 싶은 분이 반입니다. 윗분께는 제가 어떻게 말씀드렸을까요? 현실을 직시하고 다른 길을 찾도록 권유하는 것이 낫다고 했을까요? 아니면 꿈을 포기하지 말고 계속 격려하라고 했을까요?

그 어떤 것도 아닙니다. 선문답처럼 들릴 수 있지만, 아이와의 관계를 놓지 말고 그 어떤 순간에도 자녀와 한편이 되어 깊은 대화를 계속 나누라고 했습니다. 그게 동기가 되어 공부를 더 열심히 할 수도 있고, 공부로는 도저히 어렵겠다 생각하고 다른 꿈을 찾을 수도 있다고 했습니다. 중요한 것은 꿈을 응원하고, 지원해야 할 것은 없는지, 다른 길에서 의미를 찾을 수는 없는지, 많은 이야기를 나누는 것입니다.

서로 관계가 소원하거나 잦은 트러블이 있다면 자녀와의 대화가 힘들겠지만 궁극에는 방향을 찾고 훗날 "그땐 그랬지..." 하며 추억할 날이 반드시 옵니다.

오늘의 확언입니다.

나는 그 어떤 순간에도 아이와 한편이다.

05

나는 아이를 사랑하고 믿고 기다릴 뿐이다.

"큰 아이는 엄마 자신이다"라는 말이 있습니다. 다 같은 자식인데, 왜 큰 아이일까요? 부모에게 있어 첫 아이는 첫 경험이고, 그만큼 더 잘 키우고 싶은 마음 즉, 에고(Ego, 자아/자존심)가 있어서 그렇습니다. 그래서 엄마는 무의식적으로 자신의 욕심을 아이에게 투사하기도 하고, 자신의 피해 의식이나 트라우마를 아이를 통해 만회하려고도 합니다.

어린 시절 공부를 못한 엄마가 아이에게만큼은 여러 사교육을 동원해서라도 공부를 강요하는 것도 이와 비슷합니다. 그러나 그게 지나치면 아이를 힘들게 하거나 아이에게 상처를 줍니다. 그러다 퍼뜩 정신을 차리고 깊은 후회를 합니다. 왜 그랬을까 하고요.

내 아이가 마음에 안 든다고 다른 아이와 바꿀 수 있나요? 당연히 없습니다. 좋은 부모도 나쁜 부모도 없는 것처럼 좋은 아이, 나쁜 아이도 없습니다. 그냥 세상 유일한 부모일 뿐이고 부모에게는 사랑스러운 아이일 뿐입니다. 건강한 엄마는 절대 자신의 상처를 아이에게 투영하지 않습니다. 그러기 전에 자신을 들여다보며 내 안의 내면아이(정서적으로 부모에게 상처를 받았던 어릴 때의 모습을 성인이 되어서도 갖고 있는 것을 말함)와 먼저 만납니다. 그럼으로써 무엇이 문제인지 알아차리고 마음을 내려놓습니다.

부모로서 아이에게 해 줘야 할 것은 그저 사랑하고 믿고 기다리는 것뿐입니다.

오늘의 확언입니다.

나는 아이를 사랑하고 믿고 기다릴 뿐이다.

06

사랑은 부메랑이 되어 다시 돌아온다.

한창 아이와 부대끼다 보면 사소한 걸로 감정이 상해 서로 상처를 줄 때가 있습니다. 그러고는 미안함에 밤잠을 설치다 결국에는 사랑이라는 이름으로 모든 게 용서되는 경험을 합니다.

사과를 해야 하는 일도 부모가 체면을 앞세워 그냥 넘긴다면 불화의 씨앗을 키우는 꼴이 됩니다. 무조건 사랑으로 용서를 구하는 게 참 어른이고 참 부모입니다. 그리고 그렇게 할 때 사랑은 부메랑이 되어 다시 돌아옵니다.

우리 집 아이들이 어렸을 때가 떠오릅니다. 우리 부부도 아이 키우기가 처음이라 남들만큼 서투름이 많았습니다. 그럼에도 남편이 참 잘하는 것이 있었습니다. 바로 아이들에게 사과를 즉시 하는 것이었습니다. "아빠가 어제 컨디션이 안 좋아 괜히 너희한테 짜증 낸 거 미안해" 전날 밤 화를 낸 사실이 있고 적절치 않았다고 생각했다면 그 다음 날 아침 바로 아이들에게 사과했습니다.

사실, 부모로서 자존심도 있고 하다 보니 아이에게 바로 사과하기가 마냥 쉽지만은 않습니다. 하지만 반드시 해야 합니다. 부모가 진심 어린 사과를 하면 아이들은 언제 그랬냐는 듯, 순수한 영혼이 되어 "아녜요. 제가 잘못했어요" 또는 "에이 뭐~ 그럴 수도 있죠"라며 웃으며 다시 와 안깁니다. 부모는 그때 아이로부터 따뜻함을 느낍니다.

우리를 둘러싼 공기의 중요성을 평소에는 잘 모르듯, 사건이 나고 이슈가 되어야 소중함을 생각합니다. '아, 그저 아이가 숨 쉬고 곁에 존재하는 것만으로도 감사하구나'라고 생각했으면 합니다.

부모로서 가장 큰 의무와 소명은 사랑입니다. 사랑은 온전히 아이를 믿고 기다릴 때 돌아온다는 것, 잊어서는 안 됩니다.

오늘의 확언입니다.

사랑은 부메랑이 되어 다시 돌아온다.

07

나는 내 아이를
있는 그대로 사랑한다.

동화 〈핑크대왕 퍼시〉 아시나요? 핑크색을 너무 좋아하는 왕은 세상의 모든 것을 다 핑크색으로 바꾸지만 하늘만큼은 바꿀 수 없었습니다. 결국 핑크색 안경을 쓰고 하늘이 핑크빛으로 바뀐 걸 보고 나서야 만족했다는 이야기입니다. 저는 이 이야기를 듣고 생각나는 것이 하나 있었습니다. 잠시 핑크색 안경을 쓰고 하늘색을 바꿔서 볼 수는 있지만, 결코 바꿀 수 없는 하늘이 우리 아이 아닐까 하는 것입니다.

마음에 들지 않는 어떤 점을 고쳐주고 싶고 보완해주고 싶은 것은 부모의 한결같은 마음입니다. 하지만 『양육가설』(주디스 리치 해리스 저)이라는 책을 보게 되면 "자녀는 부모 하기 나름이 아니다"라고 주장합니다. 이 말은 "콩나물에 욕심껏 물을 많이 주면 썩기밖에 더 한다"라는 말과 일맥상통합니다. 아이는 자신이 갖고 있는 씨앗 그대로 자연스레 성장하는데, 여기에 더 많은 무언가를 한다고 해서 부모가 원하는 방향대로 아이가 자라는 것은 아니라는 것입니다. 오히려 자신의 진짜 장점을 잃어버리게 됩니다.

혹시 내 아이의 장점을 눈여겨 살펴본 적 있으세

요? 잘 모르겠다고요? 그러면 그냥 당연한 것으로 생각한 것은 아닐까요? 반대로 단점은 어떤가요? 단점은 눈에 잘 보이죠? 그런데 진심으로 단점조차도 내 아이라고 인정하고 수용해야 합니다. 아이는 이때 자신감을 갖고서 자신의 인생을 살아갑니다.

미국의 심리학자 칼 로저스는 "신기한 역설은 내가 있는 그대로의 나를 수용할 때 내가 변화하는 것이다"라고 했습니다. 이 말처럼 아이도, 부모도 있는 그대로의 자신을 수용할 때 변화와 성장을 할 수 있습니다.

우리는 모두가 달라서 아름다운 존재입니다. 다름을 인정하고 자기만의 강점, 역량, 달란트를 계발하는 데 초점을 맞추세요. 그리고 있는 그대로를 수용하고 인정의 말을 아이에게 들려주세요. 그러면 아이는 보답이라도 하듯 잘 자랍니다. 적당히 물만 줘도 잘 자라는 콩나물처럼요.

오늘의 확언입니다.

나는 내 아이를 있는 그대로 사랑한다.

08

나는 다양한 경험을 할 수 있도록 아이를 돕는다.

"엄마, 선생님은 왜 고속도로로 가라고 하는 거야? 난 국도로 천천히 여행하듯 가고 싶은데…"

진로를 고민하던 지인의 딸아이가(중2) 선생님과 상담을 한 후 돌아와서 한 얘기입니다. 지인은 이 말을 듣고 덜컥 마음이 내려앉았다고 합니다. 혹시 지름길이나 고속도로를 종용한 건 엄마인 나도 똑같은 건 아닐까, 하고요. 그러고는 실패를 겪지 않게 하려고, 탄탄대로를 달리게 하려고 한 것이 모두 나의 욕구가 아닌지 되돌아보았다고 합니다.

고속도로 대신 국도로 천천히 여행한다는 것은 뭘까요? 실패와 성공을 거듭하며 스스로 경험을 축적하고 조금씩 목적지를 향해 나아간다는 것을 뜻합니다. 당연한 얘기 같지만, 가장 좋은 경험은 여러 번의 좌절을 통해 배우는 것입니다.

처음 가는 산행이라면 만약을 대비해 나침반을 챙겨야 하는 것처럼 우리 아이들도 다양한 흔들림을 겪으면서 자신만의 나침반을 갖고서 길을 찾아갈 것입니다. 이때 부모는 딱 한 번, 나침반만 손에 쥐여주면 됩니다. 그 이후부터는 우리 아이들 몫입니다.

롤러코스터처럼 오르락내리락하는 경험은 언제나 하게 됩니다. 부모님도 이 사실을 모르지 않습니다. 그러니 아이에게 곧게 뻗은 길만 너무 강조하지 않으셨으면 합니다. 자녀의 진로에 파묻히지 않는 대신 부모의 인생 이모작, 삼모작에 대해서 고민하라고 말씀드리고 싶습니다.

오늘의 확언입니다.

나는 다양한 경험을 할 수 있도록 아이를 돕는다.

09

나는 모두를 응원하는 사람이다.

저는 강의나 수업 때 또 학부모님들을 만나는 자리에서 무조건 네 가지 맛이 있어야 한다고 주장합니다. 그것은 재미, 의미, 묘미, 케미입니다.

재미의 반대가 지루함입니다. 누군가 그랬습니다. 강사에게 있어 지루함은 죄악(?)이나 다름없다고. 그래서 저는 일방향의 강의보다 쌍방향 강의가 되도록 질문을 던지고 함께 말하고 설명하는 시간으로 강의를 이끌어갑니다. 그러면 전하고자 하는 메시지의 의미도 더욱 살아납니다. 당연히 강의를 들으시는 분들과의 케미도 상승합니다.

"여러분, '응원'으로 이행시를 지어 볼까요?" 처음에는 조금 당황해 하지만 한두 번 해보고 나면 재미있어하십니다. 물론 아이들은 더 잘하고요. 센스있는 답변을 보는 재미가 있습니다. 그 중 간결하면서도 의미 있는 답변은 다음 같은 것입니다.

응: 응, 너,

원: 원하는 대로 해.

이 이행시를 들려주면 다들 웃습니다. 그러면서 응원의 의미를 한 번 더 되새기게 된다고 말합니다.

예전에만 해도 유머와 위트는 가벼운 것이라고 외면받는 일이 많았습니다. 또 감정 표현을 나약함을 드러내는 것으로 여기기도 했습니다. 그래서 웃음도 울음도 억지로 참고 그랬습니다. 그런데 그것이 버릇이 되어 자신에게도 자녀에게도 응원 한마디 없는 부모님들이 많습니다. 저는 너무나 명확하게 말씀드립니다. 자신을 격려하고 응원할 줄 알아야 자녀에게도 격려와 응원이 쉬운 법이라는 것을요.

이 글을 읽고 계신 분 모두 응~, 원하는 대로 하세요.

오늘의 확언입니다.

나는 모두를 응원하는 사람이다.

10

나는 틈이 있는 현명한 엄마다.

학부모님 상대로 강의를 마치고 나면 제게 찾아와 개인적으로 질문하시는 부모님이 많습니다. 한 부모님께서 이런 질문을 주셨습니다.

"선생님 제가 아이에게 '너 지금 그럴 틈이 어딨니?'라는 말을 자주 합니다. 아이를 너무 다그치는 것 같기도 하고, 저 스스로 마음의 여유가 없어 그러는 것 같기도 한데, 어떻게 해야 할지 모르겠습니다."

저는 웃으며 이렇게 답변드렸습니다.

"먼저 어머니 틈부터 만들어 보세요. 어머니에게 틈이 있어야 자녀에게도 틈을 줄 수 있어요. 틈이 있어야 햇살도 받고, 비도 맞고, 태풍도 견딥니다. 틈이 있어야 다른 사람이 들어오거나 함께 하는 사람도 편안해집니다. 어머니부터라는 것 잊지 마세요."

여기서 말씀드리는 틈은 허점이나 약점 같은 것이 아닙니다. 한마디로 여유입니다. 하루 24시간 또는 1년 365일이 언제나 빡빡하기만 해서는 안 됩니다. 아무것도 안 하는 시간도 있어야 하고, 당장 필요하지 않은 일을 하는 시간도 있어야 합니다. 누가 보면 마치 허송세월 보내는 것처럼 생각될 수도 있지만, 이런 시간이 있어야 좀 더 밀도 있는 삶도 살게 됩니다. 내 삶부터 느슨하게도 짱짱하게도 조절해봅시다. 강약중강약의 삶으로요.

동양화를 한 번 생각해보세요. 여백의 미가 있습니다. 아이의 생활에도 여백을 의도적으로 주셔야 합니다. 쉴 틈, 놀 틈, 일할 틈, 공부할 틈 모두 수용하자고요. 의미 있는 틈들이 모여 멋진 꿈 조각이 됩니다.

오늘의 확언입니다.

나는 틈이 있는 현명한 엄마다.

11

나는 아이와 함께

파도를 타고 춤을 추며

망망대해로 나아간다.

혹시 '만다라트'(mandalart) 아시나요? '목표를 달성한다'(manda+la) 의 뜻과 '기술'(art)이 결합된 단어로, 목표를 달성하는 기술이라는 뜻입니다. 만다라트로 유명한 사람이 일본의 국보급 야구선수 오타니 쇼헤이입니다.

오타니 선수가 고등학교 1학년 때 작성한 만다라트는 많은 사람들로부터 주목을 받았습니다('오타니 만다라트'로 검색하면 금방 찾을 수 있습니다). 지금의 오타니가 있기까지 어떤 목표를 갖고 생활하고 훈련했는지 그의 만다라트를 보면 금방 알 수 있습니다. 어린 나이의 선수가 썼다기에는 정말 믿기지 않을 정도로 구체적이고 철학적입니다. 무엇보다 하루도 빠짐없이 실천에 옮겼다는 것은 더 대단하고요. 지금의 대 스타가 된 것이 당연하다 싶을 정도입니다.

저는 오타니 선수의 만다라트를 보면서 '마음의 파도를 만들지 않기' '일희일비하지 않기'를 눈여겨보았습니다(고등학생이 썼다고는 믿기 어렵죠?). 사실 이 문구는 성인인 우리에게 더 필요합니다. 우리는 외부의 거센 바람보다 내 안의 바람 때문에 표류하는 일이 더 많다는 것을 잘 알고 있습니다. 일체유심조(一切唯心造)라는 말도 있습니다. 마음은 자신하기 나름이다, 라는 뜻입니다. 어쩔 수 없다면, 어쩔 수 없이 해야 하는 거라면, 맞서 싸우기보다 바람을 타고 유영하며 위기를 기회로 만드는 현명함이 필요합니다.

자녀와의 관계도 이와 비슷합니다. 부모와 자녀가 함께 파도를 타고 바람의 움직임에 맞춰 춤을 추며 망망대해로 나아가야 합니다. 확언의 힘을 믿어보세요. 말의 힘이 곧 행동으로 이어집니다.

오늘의 확언입니다.

나는 아이와 함께 파도를 타고 춤을 추며

망망대해로 나아간다.

12

나는 오늘도

아이의 빅 피처를 위해

작은 성공을 기획한다.

강의 현장에서 만나는 아이들 중 어떤 아이가 가장 안타까울까요? 학습이 부진한 아이? 가정 형편이 어려운 아이? 아닙니다. 바로 무기력한 아이입니다. 아이의 무기력은 어른의 무관심에서 비롯됩니다. 공부를 못해서, 특별한 장기가 없어서, 학습 태도가 별로여서, 그러다 보니 관심과 지지를 받지 못합니다. 그런데 특강을 나간 저까지도 무관심하다면 어떨까요? 정말 슬픈 일이 아닐 수 없습니다.

한번은 수업 중 상담실에 다녀온 아이가 있었습니다. 쉬는 시간이 되어 아이를 불러 "수업을 못 들었을 텐데, 잠깐 얘기해줄까?" 했더니 아이가 놀라며, 이렇게 말했습니다. "네? 아, 네에… 감사해요. 아무도 저한테 관심이 없는데… 감사합니다."

무기력에 빠진 아이들, 마치 자신을 포기해버린 듯한 아이들에게는 따뜻한 관심이 필수입니다.

혹여 학교에서도 관심 밖인데, 집에서도 관심을 못 받는다면 어떨까요? 이보다 더 슬픈 일이 없습니다. 관심을 준다고 해놓고선 "공부는 누구나 하는데 그게 뭐가 힘들다고 유난을 떠니?"라고 아이를 다그

치기라도 하면, 부모님과의 관계는 점점 엉망이 됩니다.

이럴 때 가장 필요한 것이 뭘까요? 적당한 관심과 작은 성공 경험입니다. 초등학생이라면 혼자 대중교통을 이용해 학원을 가거나, 간단한 심부름을 해보거나, 방학을 이용해 캠프에 참여하는 것 등을 해볼 수 있습니다. 별일 아닌 것 같지만 작은 성취감이 아이를 어떻게 바꿀지 아무도 모릅니다. 또 습관이 될 만한 것을 기간을 정해놓고 매일 부모님과 함께 도전해봐도 좋습니다. 약속된 기간 동안 도전을 무사히 마쳤다면 근사한 보상을 해주면 더 좋고요.

성공 경험이 반복되면 아이의 자신감 회복은 물론이고 부모와의 관계까지도 좋아집니다. 우리 아이의 '빅 피처' 작은 성취감에서 시작된다는 것 잊지 마세요.

오늘의 확언입니다.

나는 오늘도 아이의 빅 피처를 위해 작은 성공을 기획한다.

13

나는 지금으로도 충분하다.

"이도 어딘가!"

"강의 감사해요. 저희 아이는 공부에 대한 동기도 없이 그저 학원만 표류하는 무기력한 아이였어요. 저는 아이를 통해 뭔가를 충족하려는 거대한 욕망 덩어리였고요, 저 정말 한심하죠?"

답변 드립니다.

"이도 어딘가! 어머니 곁에 아이가 건재하는 것만으로도 감사한 일입니다. 또 이제라도 알았으니 얼마나 기쁜 일인가요."

"이도 어딘가!"라는 말은 늘 제가 자주 쓰는 말입니다. 모든 곳에 쓸 수 있으며 근심도 덜어지는, 이보다 더 지혜로운 말이 없습니다.

두 아이를 키우면서 저의 마음챙김에 가장 크게 작용한 두 마디도 '이도 어딘가'입니다. 아이는 옆에 숨 쉬고 현존하는 것만으로도 감사한 데, 우리는 아직 오지도 않은 미래와 기회만 생각하고 뭔가를 종용하기 바빴습니다. 자녀뿐만 아니라 스스로에게도 엄격한 채찍질을 보냈습니다. 그러다 진짜 중요하게 챙겨야 할 아이들 마음을 잊어버렸습니다. 공감을 잃어버릴 위기에 처한 것입니다. 이럴 때 "이도 어딘가!"를 외쳐야 합니다. 그러면 한순간 마음이 편안해집니다.

나의 편안함은 아이에게도 안정으로 연결됩니다. 아이가 안정되어야 자신을 살피고 무엇을 좋아하는지 생각하게 됩니다.

아무리 생각해도 "이도 어딘가!" 이만한 말이 없는 것 같습니다.

오늘의 확언입니다.

나는 지금으로도 충분하다. "이도 어딘가!"

14

내 마음은 언제나 순항 중이다.

"나쁜 교사에게도 감사해야 해요."

큰 아이 초등학교 2학년때 담임 선생님께서 해주셨던 말씀입니다. 1학년때 잘 맞지 않는 담임 선생님 때문에 아이도 저도 아주 힘들었습니다. 그런데 2학년 담임 선생님은 나쁜 교사도 있어야 다른 훌륭한 선생님의 존재에 더 감사하게 된다고 말씀하셨습니다. 이 얘기를 듣고 정말 마음이 편안해졌습니다.

그후로 초등학교 부모님을 대상으로 강의할 때 저도 꼭 이렇게 이야기합니다. 6학년까지 총 여섯 분의 담임 선생님을 만나게 되는데, 두 분은 최상의 좋은 분, 두 분은 최악(?)의 분, 두 분은 평균 정도인 분을 만나게 된다. 그러니 마음을 비우고 기다리기만 하면 된다.

이렇게 생각하면, 설령 올해 최악의 선생님을 만났다 하더라도 내년에는 좀 더 좋은 분을 만나겠지, 라고 스스로를 위안하게 됩니다. 반대로 너무 좋은 분을 만났다면, 이보다 더 좋을 순 없다며 하시는 말씀 하나라도 더 캐치하려고 애를 씁니다.

같은 이유로 정말 싫었고 이보다 더 나쁠 수 없

다고 생각한 상황이 조금만 지나고 나면 꼭 그렇지만은 않았구나, 나중에 깨닫게 될 때도 있습니다.

이미 한번 경험한 불행은 현재의 행복을 소중하게 하기에 충분합니다. 마찬가지로 인생의 바닷길은 늘 순조로움만 있는 것도 아니고 또 힘겨운 폭풍만 있는 것도 아닙니다. 그리고 파도가 세더라도 어떻게 하면 이를 잘 타고 앞으로 나아갈지 공부하고 노력하게 됩니다. 그러니 언제나 내 마음은 순항 중이다, 라고 생각하는 것이 좋습니다.

세상에 나쁜 경험이 없듯, 우리는 여전히 생각하기 나름인 순항 중이다는 사실, 꼭 명심했으면 합니다.

오늘의 확언입니다.

내 마음은 언제나 순항 중이다.

15

나는 한'결'같고 품'격'이 있으며
'사유'를 즐길 줄 아는
'결격사유' 인간이다.

막 사회생활을 시작할 무렵에는 품격이 느껴지는 사람이 좋아서 나도 '품격있는 사람'으로 나이 들고 싶다는 생각을 많이 했습니다. 하지만 이후 사회생활을 하면서 수많은 사람을 만났지만, 품격을 갖고 있다고 생각되는 사람은 그리 많지 않았습니다. 그럼에도 저에게 품격이 무엇인지 가르쳐 주신 딱, 한 분을 꼽자면 고(故) 박완서 작가님을 말씀드리고 싶습니다.

저는 대학 때 교지 편집부에서, 또 졸업 후 댁을 방문해서 선생님을 뵐 수 있었습니다. 두 번째 뵐 때는 댁 근처에 가서 전화를 미리 드렸더니 친히 아파트 1층 현관까지 내려와 주셔서 정말 황송했던 기억이 납니다. 집에 들어갈 때도 딸 뻘이 되는 제게 먼저 들어가라 하고 뒤늦게 문을 닫고 오시는 선생님 모습에서 어떤 사람에게도 함부로 하지 않는 인품과 겸손을 고스란히 느낄 수 있었습니다.

품격있는 사람 말고도 되고 싶은 또 한 가지 모습은 '한결같은 사람'입니다. 한결같음은 열정, 꾸준함, 끈기 같은 것입니다. 왜냐하면 지난한 노력의 결과가 밑바탕이 되어야 한결같음이 만들어지기 때문입니다. 그리고 한결같다는 말은 자기 성찰을 게을리하지 않았다는 것을 뜻하기도 합니다.

누군가 어떤 분야에서 한결같음을 갖고 있다면, 그것이 어떤 분야이든 일의 가치가 크든 작든 무조건 존경해야 한다고 생각합니다.

마지막으로 저는 '사유하는 사람'도 되고 싶습니다. 사유의 중요성은 더 이상 말해 무엇하나 싶습니다. 굳이 설명을 더 덧붙이진 않겠습니다.

한'결'같으며 품'격' 있고 '사유'를 즐기는 사람, 제가 지향하는 '결격사유' 인간입니다('결격사유'라는 본뜻과 오해가 없으셨으면 합니다).

오늘의 확언입니다.

나는 한'결'같고 품'격'이 있으며 '사유'를 즐길 줄 아는 '결격사유' 인간이다.

16

나는 아이의 꿈을 위해

내 꿈을 채워간다.

많은 부모님들이 저에게 자주 하소연하는 것이 있습니다. 바로 우리 아이는 꿈이 없다, 입니다. 그러면 저는 한결같이 말씀드립니다. “어머니, 꿈은 찾는 게 아니라 채워가는 거에요”라고.

자식 잘되기를 원치 않는 부모가 있을까요? 당연히 없습니다. 내 자녀의 행복을 바라지 않는 부모? 당연히 없습니다. 자녀를 사랑하는 만큼, 자녀의 꿈도 응원하고 지지해야 합니다. 그런데 문제는 자녀가 자신의 꿈이 뭔지 모른다고 말할 때입니다. 많은 부모님들이 이를 그냥 보고 있지 못합니다.

대한민국 청소년은 정말 힘든 삶을 살아가는 아이들입니다. 목적도 목표도 나아가 꿈도 없는 상태에서 끝없는 경쟁으로 내몰리기 때문입니다. 어쩌면, 왜 공부를 해야 하는지 생각할 여유를 주지 않는다고 말하는 것이 더 맞을지도 모르겠습니다.

이런 환경에서 부모가 정해준 꿈이 마치 아이의 인생 전부를 결정하는 대단한 것인 양 대단하게 생각할 필요는 없습니다. 비단 이 이야기는 아이에게만 필요한 것도 아닙니다. 부모에게도 필요합니다.

지금의 인생, 지금의 직장 생활이 전부가 아니라는 것, 다들 잘 알고 있습니다. 부모님도 아이가 독립한 이후의 삶을 생각하고, 필요한 공부도 미리 해야 합니다. 아이의 꿈을 묻는 것만큼이나 남은 내 인생을 어떻게 살 것인지 고민해야 합니다.

자녀는 부모의 행동과 태도를 따라 한다고 하죠. 어떤 준비를 하는지 보여주세요. 엄마가 어떻게 꿈을 채워가는지 보여주면 아이도 스스로 자신의 꿈을 그리고 채워갈 것입니다.

오늘의 확언입니다.

나는 아이의 꿈을 위해 내 꿈을 채워간다.

17

나는 아이와 원팀이다.

대한민국 아이들이 언제부터 이렇게 게임을 좋아하고, 꿈이 프로게이머이며, 게임 때문에 부모님과 전쟁을 치르게 됐을까요? 스마트폰이 생겨나고, 누구나 갖게 되고, 그게 어른에서부터 초등학생에게까지 내려간 다음부터입니다.

그래서 저는 단연코 말합니다. "게임이나 핸드폰에게 관계를 내주지 마라." 이게 무슨 얘기냐고요? 게임이나 핸드폰 때문에 자녀와의 관계를 그르치지 말라는 뜻입니다. 식당이나 어디를 가도, 길을 걷는 중에도 우리 손에는 핸드폰이 들려 있습니다. 하물며 가족 여행 중에도, 식사 중에도 가족과 대화를 하지 않고 핸드폰만 들여다봅니다.

관계를 그르치지 말라 했으니, 핸드폰을 뺐어야 할까요? 아닙니다. 핸드폰을 사이에 두고 자녀와 다투는 관계가 되어서는 안 된다는 것을 말씀드립니다. 어떤 상황에서도 부모와 아이는 한팀이 되어야 합니다. 축구로 치면 서로에게 필요한 패스가 무엇인지 고민하고, 좋은 패스를 하기 위해 어떻게 해야 하는지 고민해야 합니다. 그러다 보면, 과도한 핸드폰 사용이 한팀이 되는 데 방해가 된다는 사실을 깨닫게 됩니다.

좀 많이 돌아가는 얘기같지만 이게 정석입니다. 물리적인 충돌은 싸움의 빌미만 될 뿐입니다. 자녀와 원팀이 되어야 입시, 성적, 공부, 무기력, 우울과의 싸움에서 이길 수 있습니다. 스마트 폰을 좀 더 스마트하게 사용하는 방법을 알려주고, 핸드폰만큼이나 부모와의 관계나 대화도 소중하다는 것을 알려주세요.

오늘의 확언입니다.

나는 아이와 원팀이다.

18

나부터 다양한 경험을 한다.

코로나 덕분에(?) 한동안 대면 강의를 하지 못했습니다. 장기화가 되고부터는 온라인 강의에 새롭게 적응하게 되었습니다. 코로나가 물러간 요즘은 인공지능을 활용한 강의도 빠르게 연구하고 있습니다.

코로나로 시작된 변화의 물꼬는 계속 이어지고 있습니다. 낯선 도구를 사용해야 하고 낯선 환경에서 수업해야 하는 것이 처음에는 힘들었지만, 이제는 어떤 변화가 있어도 금방 적응할 것 같습니다. 코로나가 준 선물인지도 모르겠습니다.

"만약 당신이 가진 도구가 망치 하나뿐이라면 당신은 모든 문제를 못으로 보게 될 것이다."

우리에게도 친숙한 미국 작가 마크 트웨인의 말입니다. 내가 사용하는 도구가 하나라면 문제를 정확히 보는 데 실패한다는 뜻을 말하고 있습니다. 도구(나아가 경험)는 많을수록 유리합니다. 쓸 수 있는 도구가 많다면 내 입지는 넓어질 수밖에 없습니다.

한때 우리가 변화에 대응해 동분서주했던 것처럼 자녀에게도 다양한 무기를 가질 수 있게 도와주는 부모가 되어야 합니다.

시작은 다양한 경험입니다. 엄마인 내가 하는 경험부터 다양해져야 자녀에게도 다양한 경험을 설계해줄 수 있습니다. 경험에서 오는 자극과 성취감은 자녀의 성장에 가장 훌륭한 재료이자 무기입니다.

오늘의 확언입니다.

나부터 다양한 경험을 한다.

19

나는 아이의 관심과 흥미에
집중한다.

비행기를 탈 때마다 궁금했습니다. 몸이 젖혀질 정도로 엄청난 속도로 활주로를 내달리는 비행기는 어느 정도의 속도로 움직여야 거대한 몸체가 떠오르는 걸까? 정답을 미리 말씀드리자면, 시속 300~350km 속도로 달려야 한다고 합니다.

초등학교 때 뜀틀 뛰기를 위해 전력질주를 했다가 멋지게 넘었을 때의 느낌, 기억하시나요? 뭐든 마찬가지인 것 같습니다. 삶의 활주로에서도 시속 300km까지 냅다 달려야 비로소 뜰 수 있습니다.

도약점이 되는 순간이 바로 변화의 시작입니다. "우리 아이가 뭘 좋아하는지, 뭘 잘하는지 모르겠어요?"라는 질문에 대한 답도 결국 아이가 임계점에 다다르지 못했거나 부모님의 관찰이 부족했기 때문입니다.

오늘부터라도 아이의 몰입 순간을 적극 관찰해야 합니다. 그리고 그것이 무엇이든 적극 지지해야 합니다. 아이가 게임에 몰입하든, 개미 한 마리에 몰입하든 상관없습니다.

집중의 시간은 돈 주고도 살 수 없습니다. 저녁

먹으라고 부르는 소리도 못들을 정도로 심취한 것이 있다면, 아이가 좋아하고 잘하는 것입니다. 아이가 관심과 흥미를 보이는 것이라면, 어떤 것이라도 공감해 주고 독려해 주어야 합니다. 설령 아이의 흥미 분야가 부모가 보기에는 마음에 들지 않더라도 말입니다.

경험이 숙성되면 학습이 됩니다. 궁극적으로 진로가 설정되지 않는다 하더라도 너무 걱정하지 마세요. 그 동력으로 다른 무언가도 할 수 있을 테니까요. 무거운 동체가 '붕'하고 떠오르는 도약 순간을 함께 기다리고 응원해주세요.

오늘의 확언입니다.

나는 아이의 관심과 흥미에 집중한다.

20

나는 아이의 다름을 인정한다.

제가 하는 수업 중 '달라서 아름다운 우리'라는 아이들 대상 소통 프로그램이 있습니다. 다름을 인정하고 갈등 대신 격려를 통해 올바른 소통과 원만한 관계 맺기를 위한 프로그램입니다.

사실 '옳고 틀리다'가 아니라 '다른 것이다'를 이해하는 일은 아이에게만 필요한 교육은 아닙니다. 우리 부모에게도 필요합니다.

부모는 우리 아이가 다른 아이와 다르고, 그래서 성장 속도나 생각 방식, 취향 등에 있어서도 다르다는 것을 머릿속으로는 인정하면서도 막상 현실에서는 다른 아이와 비교하고 더 앞서 나가기를 강조합니다. 이렇게 하는 것이 꼰대로 가는 길임을 모르지 않지만, 내 아이를 위한 결정이라는 생각으로 정해진 루트를 강조합니다.

형제를 키워본 엄마들은 큰 아이와 둘째가 정말 다르다는 것을 많이 체감합니다. 내 뱃속에서 나온 자식인데도 어떻게 이렇게 다르냐며 혀를 내두를 때가 많습니다. 쌍둥이나 형제간에도 그럴진대, 다른 집 아이들과는 얼마나 다를까요? 말을 안 해도 될 정도입니다.

꽃이 먼저 피고 지고를 탓하지 않듯, 우리 자녀도 마찬가지입니다. 더디 피고, 남보다 먼저 피고 시기의 차이만 있을 뿐입니다. 누구보다 엄마가 아이의 다름을 인정하고, 이를 바탕으로 소통과 관계 맺기를 해야 아이는 스트레스받지 않고, 자신감을 갖고 성장합니다. 당연히 부모님께서도 좀 더 여유를 얻을 수 있고요.

충분히 무르익고 때가 되어야 수확할 수 있습니다. 다름의 차이를 인정하고 믿고 기다려 보았으면 합니다.

오늘의 확언입니다.

나는 아이의 다름을 인정한다.

21

좋은 습관이
아이를 빛으로 나아가게 한다.

저는 부모, 아이 진로 상담을 할 때, 꼭 '습관'에 대해 묻습니다. 그러면 아이도 부모님도 쉽게 답하지 못합니다. 특히 고쳐야 할 습관, 유지할 습관 이렇게 구체적으로 물어보면 대부분 당황해 합니다. 이 책을 보고 계신 여러분은 어떤가요? 습관이 중요하다는 것은 알지만, 구체적으로 생각해본 적이 있나요? 아마도 한 번도 없다고 고백하는 분들이 많을 것 같습니다.

"인간은 습관의 동물이다" "습관은 곧 사람이다" 『성공하는 사람들의 7가지 습관』의 작가 스티븐 코비의 얘기입니다. 아리스토텔레스는 『니코마코스 윤리학』에서 "인간은 살아가면서 쌓인 습관의 존재다"라고 말하기도 했습니다. 우리가 습관을 만들지만 결국에는 습관이 우리를 만든다는 얘기입니다.

만약, 자녀 혹은 여러분에게 좋은 습관이 없다면, 습관으로 이어질 수 있는 작은 루틴(어떤 목적을 띄고 매일 반복하는 연속된 활동)이라도 만들어 보면 어떨까요?

다들 아시겠지만, 습관으로 가기까지 가장 중요한 것은 단순함입니다. 누구나 마음만 먹으면 당장

할 수 있는 것이 좋은 습관의 시작입니다. 거창한 결과나 성취를 목표로 하는 것이 아니라 사소하지만 오래 할 수 있는 무엇이 중요합니다.

좋은 습관은 결국 자녀의 꿈을 향하는 길에 방향타가 되며 단단한 동력이 됩니다. 아이에게 필요한 좋은 습관, 여러분에게 필요한 좋은 습관, 큰 노력이나 의지 없이도 시작할 수 있는 좋은 습관, 지금 당장 시작해보았으면 합니다.

오늘의 확언입니다.

좋은 습관이 아이를 빛으로 나아가게 한다.

22

나는 오늘
“괜찮아”의 의미를
다시 생각한다.

저는 오픈채팅방을 통해 몇 개의 프로그램을 챌린지 형태로 운영하고 있습니다(도전 목표를 정하고, 매일 채팅방에 인증하며 실천하는 방식입니다). 아래는 그중 한 채팅방에 올라온 글입니다.

"아침에 트롤리(바퀴가 달린 이동식 선반) 하나를 조립했습니다. 호기롭게 조립하다 부품 네 개를 빼먹고 조립한 걸 알았습니다. 작은 부품이고 없어도 기능적으로 문제가 없을 것 같았습니다. 경험상 그런 적이 여러 번 있었기에, 이번에도 그냥 이대로 써보려 했습니다. 그런데 조립 후 서랍을 선반 안으로 넣으려는데, 딱 2mm 정도가 부족했습니다. 어쩔 수 없이 주섬주섬 나사를 풀고 처음부터 다시 조립했습니다. 이번에는 빼놓는 것 없이 모든 부품을 정 위치에 조립했습니다. 그랬더니 서랍도 문제없이 들어가고, 이동 시 안정감도 훨씬 더 생겼습니다. 완성된 트롤리에 자잘한 소품까지 차곡차곡 정리하니 새삼 개운해졌습니다. 그 순간 떠오르는 것이 있었습니다. 바로 '괜찮아'의 위험성입니다. 우리는 늘 일상에서 항상 하던 거니까, 그렇게 생각하고 작은 것을 소홀히 할 때가 있습니다. 때로는 그것이 큰 그림을 이루는 데 결정적인 요소가 된다는 사실도 잊습니다. 작은 나사 하나에도 제 역할이 있듯, 내가 요즘 허투루 생각하는 것은 없는지 챙겨볼 일입니다."

좀 긴 글을 인용했습니다. 어떠셨나요?

"괜찮다"라는 말, 요즘은 긍정의 의미로 많이 쓰입니다. 부족해도 괜찮아, 조금 힘들어도 괜찮아, 이런 말도 요즘 많이 합니다. 하지만 이 글은 저에게 "괜찮아"를 다시 한 번 생각해보기를 깨닫게 해주었습니다. "괜찮아"라고 하면 진짜 괜찮을 것 같지만 아닐 수도 있습니다. "괜찮아"의 의미를 다시 한 번 생각해 보았으면 합니다.

오늘의 확언입니다.

나는 오늘 "괜찮아"의 의미를 다시 생각한다.

23

나는 걱정 대신

안녕과 무탈함에 감사한다.

강의를 시작할 때 간단히 제 소개를 한 다음, 어떻게 오시게 됐는지, 요즘 뭐가 가장 힘든지부터 질문합니다. 그러면서 함께 묻는 것 중 하나가 "요즘 부모님들이 가장 많이 하는 게 뭔 줄 아세요?"입니다.

이 질문에 정말 다양한 대답이 등장합니다. 하지만 제가 생각하는 답을 얘기하는 분은 이제까지 한 분도 없었습니다. 미리 답을 말씀드리자면, 요즘 부모님이 가장 많이 하는 것은 '걱정과 불안'입니다.

심리학자나 정신의학자들은 우울보다 더 안 좋은 것이 걱정과 불안이라고 합니다. 우울(증)에 대해서는 이로 인한 극단적 선택이 워낙 사회 이슈가 되다 보니 본인이나 주변 사람이 주의를 기울이는 것에 반해, 불안과 걱정은 대다수 사람이 그냥 가볍게 넘긴다고 합니다.

'걱정'을 뜻하는 영어 단어가 'worry'입니다. 이 단어의 어원이 '개나 늑대가 사냥한 다른 동물의 목을 물고 흔드는' 것이라고 합니다. 사냥을 해 놓고도 불안과 걱정으로 계속 흔드는 모습에서 유래된 단어입니다.

우리가 시도 때도 없이 하는 걱정도 저렇지 않을까요? 지나치게 자녀에 대해 걱정이 많고 자녀와의 관계가 힘들다 싶다면 혹시 나의 과한 욕심이나 비교 때문은 아닌지 곰곰이 생각해 보았으면 합니다. 부모가 걱정을 1만큼 하면 자녀는 100만큼 걱정한다고 합니다.

그저 존재함에 감사하고, 안녕과 무탈함에 감사했으면 합니다.

오늘의 확언입니다.

나는 걱정 대신 안녕과 무탈함에 감사한다.

24

육아의 중심은 아이가 아니라 나 자신이다.

아이가 어렸을 때 이웃집으로 식사 초대를 받은 일이 있습니다. 그런데 아이를 챙기면서 준비했을 거라고는 믿기 어려울 정도로 한 상 잘 차려진 음식이 나왔습니다. 아이 엄마가 모두 직접 요리한 거라고 했습니다.

한 가지 음식 준비도 쉽지 않을 텐데 너무 고생한 게 아닌가 싶어 너무 고맙고 황송하다 했더니, 어머니는 이렇게 말했습니다. "평소 혼자 먹을 때도 늘 이렇게 차려먹어요." "저는 저를 위한 식사를 정성스럽게 준비해야 육아도 살림도 즐거워지더라고요."

그 말을 듣는데, 제 머릿속에 커다란 종이 울렸습니다. 부모 스스로 자신을 아끼고 소중하게 생각하는 것에 따라 육아도, 일도, 관계도 달라진다는 사실, 제대로 알게 된 경험이었습니다.

육아의 중심은 아이가 아니라 나 자신입니다. 자신에게 소소한 행복을, 소박한 사치를 허락하는 사람은 자녀에게는 물론이고 타인에게도 정성을 다합니다.

저는 강의 현장에서 만나는 엄마들에게 자신을

챙기지 않고, 자녀에게만 신경 쓰는 일은 그만두라고 말합니다. 그리고 자기계발을 위해 자녀에게 쓰는 돈의 반 정도는 자신에게 쓰라고 합니다. 엄마가 당당하고 자신감이 있어야 아이를 믿고 기다릴 수 있습니다. "내가 너한테 모든 걸 투자하는데, 넌 어떻게 이럴 수 있느냐"라고 말하는 건 희생도, 사랑도 아닙니다.

육아의 목표는 자녀의 온전한 독립입니다. 더불어 어머니의 자중자애(自重自愛, 스스로를 소중히 여기고 아낌)하는 마음입니다.

오늘의 확언입니다.

육아의 중심은 아이가 아니라 나 자신이다.

25

나는 아이의 10%만 컨트롤 할 수 있다.

어느 대학 교수님이 들려주신 말씀입니다.

"아들과 함께 기차를 기다리고 있다가, 기차가 한 시간이나 지연된다는 안내 방송이 나왔습니다. 이 소식에 플랫폼에서 기차를 기다리던 승객들이 불평을 쏟아냈습니다. 급기야 직원에게 소리 지르고 화내는 사람도 있었습니다. 하지만 아들은 가방에서 스케치북을 꺼낸 다음 화내고 있는 승객을 그리기 시작했습니다. 분을 참지 못하는 승객들 표정을 꽤나 실감나게 묘사한 그림이었습니다. 이후 기차가 도착하자 아들은 더 이상 그림을 그리지 못한다고, 무척 아쉬워했습니다."

이 에피소드를 듣고 어떤 생각이 드나요? 어머니들에게 들려줬더니, 저 아들은 어쩜 저렇게 멘탈이 강하냐부터, 역시 교수 아들이네, 교수는 아들이 그림 그릴 때 뭐 했을까, 조용히 클래임하지 않았을까, 하는 얘기까지 정말 다양한 품평(?)이 쏟아졌습니다.

제가 이 글을 인용한 이유가 뭘까요?

80대 20의 법칙은 익히 알려졌습니다. 하지만 90대 10 법칙을 아는 사람은 많지 않습니다. 90대

10 법칙은 인생의 10%는 우리에게 일어나는 사건들로 결정되고, 나머지 90%는 우리가 거기에 어떻게 반응하느냐에 따라 결정된다는 법칙입니다. 즉, 기차 연착이라는 통제할 수 없는 일에 에너지를 쓰기보다, 내가 할 수 있는 일에 에너지를 쓰는 것이 좀 더 현명하다는 뜻입니다.

이 메시지는 부모와 아이 사이의 관계에서도 시사하는 바가 큽니다. 부모가 아이를 마음먹은 대로 컨트롤 할 수 있는 것은 겨우 10%밖에 되지 않습니다. 나머지 90%는 결국 아이의 선택에 따른 엄마의 보살핌과 케어일 뿐입니다. 그래서 아이의 10%만 컨트롤 가능하다고 생각하는 것이 현명한 처신입니다. 너무 많은 기대로 통제할 수 없는 것에 에너지를 쓰지 말았으면 합니다.

오늘의 확언입니다.

나는 아이의 10%만 컨트롤 할 수 있다.

26

나는 오늘도

아이의 욕구를 찾는

숨바꼭질을 한다.

"안녕하세요. 선생님 강의를 듣고 많은 생각을 했습니다. 저는 다둥이 엄마예요. 첫째는 고1, 둘째는 중1, 셋째는 초5, 넷째는 유치원생, 다섯째는 어린이집을 다니고 있습니다. 얘기만 들어도 헉! 하시는 분들 많으시죠? 게다는 저는 워킹맘입니다."

"평소 일한다는 핑계로 아이들과 소통을 자주 하지 못해 항상 미안한 마음이 있었습니다. 하나하나 꼼꼼히 챙겨주기도 어렵고, 같이 있을 때만이라도 더 많은 걸 해주려다 보니 이것저것 잔소리만 했습니다. 그런데 오늘 선생님 말씀을 듣고 나니 조금 마음이 편안해집니다. 다섯 아이 전부를 다른 집 한 아이처럼 대한다는 것, 그 자체가 욕심이라는 것, 이를 인정하는 것에서부터 출발해야겠습니다. 진심으로 감사합니다."

이런 강의 후기를 들으면 왠지 제가 뭔가 엄청난 일을 한 것 같은 생각이 들고 보람과 사명감까지도 생깁니다. 앞의 다둥이 엄마처럼 우리나라 학부모님들은 평소 두려움, 불안 같은 것을 늘 달고 살아갑니다. 내가 잘하고 있는 건가? 혹시 나 때문에 아이가 좋은 기회를 놓치는 건 아닐까? 그러다 혹여 아이를 혼내기라도 하면? 이런저런 걱정으로 롤로코스터를 타듯 감정은 좋았다가 나빴다를 반복합니다.

가능한 일인지 아닌지, 욕심인지 아닌지, 아이의 생각과 욕구는 반영했는지 그렇지 않은지, 숨바꼭질 하듯 아이의 욕구를 찾고 그 수준에 맞춰야 합니다. 그래야 엄마도 아이도 편안합니다.

오늘의 확언입니다.

나는 오늘도 아이의 욕구를 찾는 숨바꼭질을 한다.

27

부모의 권위는 아이로부터 비롯된다.

강의를 마치고 나오는데, 학부모 한 분이 이런 얘기를 합니다.

"아이와 오랜만에 이야기를 나눴는데, 고등학교에 가서 괜찮은 친구가 없으면 자퇴해서 해녀가 되든, 농사를 짓든 조용한 곳에서 지내고 싶다, 이렇게 말해서 깜짝 놀랐습니다. 순간 마음이 스산해지고 뭐라 말해야 할지 몰라 멀뚱 멀뚱 아이만 쳐다봤습니다."

부모보다 친구가 더 좋을 때라고는 하지만 매사에 친구를 먼저 챙기는 아이, 부모의 관심을 간섭이라 말하는 아이, "내가 알아서 할게"를 입에 달고 사는 아이, 어떤가요?

앞에서도 한 번 인용한 적 있는 『양육가설』이라는 책을 보면 자녀는 부모 하기 나름이 아니다, 라고 명쾌하게 얘기합니다. 그러면서 아이들은 부모보다 또래에게서 더 큰 배움을 얻는다고 했습니다. 그러니 내가 아무리 더 좋은 경험과 더 나은 이야기를 한다고 해도, 아이에게는 소귀에 경 읽기가 될 뿐입니다.

아이가 부모 말을 안 들으면, 부모인 내가 권위가 없는 건가? 그런 생각을 합니다. 그런데 권위는 내가 만드는 것이 아니라 자녀가 만들어주는 것이라는 걸 기억해야 합니다. 간섭 대신 관심과 공감으로 아이를 대하되, 책임과 권리를 제대로 알게 하는 부모가 훌륭한 권위를 가진 부모입니다. 애정이라는 이름으로 간섭만 한다면 아이와의 관계는 좋아지기는커녕 점점 더 멀어지기만 합니다.

좀 더 지혜로운 부모, 참 어른이 되어야 합니다.

오늘의 확언입니다.

부모의 권위는 아이로부터 비롯된다.

28

나는 아이의 말을 '미러링'한다.

삼경(三鏡), 즉 세 개의 거울에 대해서 들어본 적 있나요? 여기서 세 개라 함은 '구리' '역사' '사람'인데요. 저는 이 세 거울을 이렇게 응용해 봅니다.

"구리거울에 비춰 옷매무새를 바로잡고, 역사 거울에 비춰 나라의 흥망성쇠를 점치고, 사람 거울에 비춰 자신의 잘잘못을 깨닫는다. 그러니 삼라만상 모든 볼거리가 나에게 깨달음을 주고 자신을 돌아보게 한다."

이 얘기를 꺼낸 이유는 무언가에 비추어 나를 돌아보는 것의 중요성을 말하고자 해서입니다. 부모와 아이 사이의 공감 대화가 중요하다는 얘기를 많이 합니다. 저는 대화를 잘하는 방법의 하나로 '미러링'을 얘기합니다. 이 방법은 마치 거울을 보듯, 아이 말 그대로를 따라하는 것입니다. 즉, 앵무새처럼 "네가 그랬구나"하고 아이가 표현한 감정이나 상황을 그대로 입으로 옮기는 것을 말합니다.

그런데 이 미러링이 기술적으로는 공감 표현을 쉽게 하도록 도와주는 점도 있지만, 의미적으로는 구리거울에 비춰 아이 정서를 살피고, 역사 거울에 비춰 앞으로 살아갈 세상에 대해 얘기나누고, 사람 거울에 비춰 늘 자신을 돌아보도록 가르친다는 의미도 갖고 있습니다.

아이는 부모와의 대화가 싫은 게 아니라 마치 취조하듯 하는 분위기, 채근하는 잔소리를 듣고 싶지 않아 한다는 것을 꼭 기억했으면 합니다.

오늘의 확언입니다.

나는 아이의 말을 '미러링'한다.

29

나는 아이 스스로

자신을 표현하게 도와준다.

관계도여왕, 소통대마왕, 여유만만, 여유, 사소동(사유하고 소통하는 동기), 생파(생각하는 파트너), 스님, 대보살, 수호천사, 해우소, 볼매(볼수록 매력있는 사람)... 이상은 저를 표현하는 단어들입니다(^^;;).

학생들을 대상으로 하는 진로 특강 수업 1차 시에는 "나를 세 단어로 표현하면?"이라는 활동을 주로 합니다. 이 활동의 목표는 자신의 특징 나아가 정체성을 생각해보는 활동입니다. 이런 활동은 아이들의 자존감을 높이는 데 도움을 줍니다. 평소 같으면 "저, 뭐 잘하는지 몰라요"라고 말하는 아이들도 의외로 자신을 잘 표현합니다. 이 방식 말고도 어떤 사물에 빗대어 자신을 표현하기도 하고, 자신이 좋아하거나 잘하는 것으로 스스로를 표현하기도 합니다.

저는 부모님이 아이와 함께하는 대화에서도 "나를 세 단어로 표현하면?" "내가 좋아하는 것, 잘하는 것, 친구가 할 때 부러운 것?" 등 간단한 질문 답을 함께 해보길 권해드리고 있습니다.

또 팁을 하나 더 드리자면, 손바닥을 종이에 놓고 펜으로 선을 따라 그린 후 엄지손가락에 나의 별명,

두 번째 검지에 내가 좋아하는 것(좋아하는 것을 아이들이 가리킬 때 주로 사용하는 손가락), 세 번째 가운데 손가락에는 내가 잘하는 것(중지 혹은 장지, 손가락 중 가장 길다), 네 번째 손가락에는 성격(네 번째 손가락만 곧게 펴기 어려워, 성격 또한 혼자 힘으로 쉽게 고쳐지지 않는다는 의미와 유사), 마지막 새끼손가락에는 중요하게 생각하는 것(약속할 때 쓰는 손가락)을 쓰게 하고, 함께 이야기 나누는 것도 좋습니다.

오늘의 확언입니다.

나는 아이 스스로 자신을 표현하게 도와준다.

30

나는 호모 엠파티쿠스다.

한때 '호모 ○○' 시리즈가 정말 많이 유행했습니다. 지혜의 인간 '호모 사피엔스', 유희의 인간 '호모 루덴스', 도구의 인간 '호모 파베르' 등. 이중 '호모 엠파티쿠스'는 공감하는 인간이란 뜻입니다.

인공지능 시대라고 하지만 로봇이 유일하게 인간보다 못한 영역이 바로 정서와 감정을 나누는 공감입니다. 공감은 영어로 'compassion'입니다. 이 단어는 '열정'을 뜻하는 'passion'과 '함께' 라는 뜻을 가진 접두어 'com-'이 합쳐진 단어입니다. 그래서 본뜻은 '함께 갖는 열정' 정도로 풀이할 수 있습니다.

심리학자이자 영성가인 헨리 나우웬은 『상처 입은 치유자』라는 책에서 "치유는 상처가 적은 사람이 상처가 많은 사람을 안아주는 것이다"라고 했는데, 저는 이것 또한 공감이라고 생각합니다.

어제도 지인과 긴 소통을 하면서 공감을 나눴습니다. 우리는 관계하는 많은 사람들과 좋은 공감과 유대감을 가지고 살아갈 때 편안함과 행복감을 느낍니다. 세상에는 정말 예상할 수 없는 사건, 사고가 너무나 많습니다. 거대한 자연재해부터 우리의 태만이나 실수로 만들어지는 인재까지. 이런 불확실성 시대를 잘 살아가기 위해서는 서로 공감하며 어깨를 기대고 살아가는 것이 정말 중요합니다.

이런 세상에 자녀와 부모 사이의 공감은 더 이상 말할 필요도 없을 정도고요.

오늘의 확언입니다.

나는 호모 엠파티쿠스다.

31

나는 오늘도 아이를 위해
디테일한 정성을 들인다.

살다 보면 사소함의 중요성을 많이 느낍니다. 우리는 이를 '디테일의 힘'이라고 부릅니다.

아무리 사소한 것이라도 정성을 다한다면 당장은 실패하더라도 머지않아 또 다른 기회를 맞이하기도 합니다. 그런데 혹자는 이를 두고서 그냥 '운이 좋다'라고만 합니다. 실상은 사소하다고 생각하는 일 하나하나를 놓치지 않고 정성껏 준비한 것인데도요. 우리는 이런 사람을 두고 '준비된 사람'이라고 말합니다. 사실은 내가 인지하지 못한 사이에 디테일의 힘이 큰 역할을 했다고 할 수도 있습니다.

"작은 일도 무시하지 않고 최선을 다해야 한다. 작은 일에 최선을 다하면 정성스럽게 된다. 정성스러우면 겉에 배어 나오고, 겉으로 드러나면 이내 밝아지고, 밝아지면 남을 감동시키고, 남을 감동시키면 이내 변하게 된다."

영화 《역린》에 나와 대중에게 많이 알려진 『중용』 23장의 내용입니다.

사소한 일에 최선을 다하고 정성껏 준비해야 한다는 것은 부모와 자녀 사이에서도 마찬가지의 일입니다. 매일 보는 사이고, 내 자식이니 그 앞에서 좀 실수해도 된다, 그렇게 생각하고 대충해서는 안 됩니다. 물론 불안할 정도로 노심초사할 것까지도 없고요.

진심이 깃든 작은 정성들이 쌓여 아이와의 좋은 관계가 탄생한다는 것 꼭 기억했으면 합니다.

오늘의 확언입니다.

나는 오늘도 아이를 위해 디테일한 정성을 들인다.

32

나는 멈춤의 지혜로

늘 새롭게 피어난다.

"씨앗처럼 정지하라. 꽃은 멈춤의 힘으로 피어난다."

백무산 시인의 시 〈정지의 힘〉 중 한 구절입니다. 시인은 말합니다. 하늘을 날아다니는 씨앗은 결코 꽃이 될 수 없고, 흙에 발을 딛고 멈춰야 비로소 싹을 틔우고 꽃이 될 수 있다고. 잠시라도 멈춤의 시간이 우리에게 필요한 이유입니다.

부모 역할의 위기는 세계적인 현상입니다. 급격한 사회 변화는 공동체 대신 개인화를 부추기고 있습니다. 이는 자연스레 가정과 가정을 단절시키고, 나아가 부모와 아이 사이를 단절시키는 환경을 만들었습니다. 그래서 부모는 우리 어릴 때는 안 그랬는데, 하면서 매번 아이와의 관계에서 갈피를 잡지 못합니다.

가장 먼저는 부모님부터 안정을 찾아야 합니다. 잠깐의 멈춤이 필요한 이유입니다. 멈춤은 재충전이고 지혜이며, 미래를 위한 동력입니다.

잠시 멈춘다고 해서 아이가 뒤처진다거나, 중요한 기회를 놓쳤다거나 하는 생각은 하지 않으셨으면 합니다. 부모와 아이 사이의 문제 상당수는 폭주에서 발생합니다. 멈춤이 그저 여유와 휴식만을 의미하지 않는다는 것 쯤은 잘 아실 것 같습니다. 멈춤은 이렇듯 여러 가지로 꼭 필요한 삶의 지혜입니다.

나에게 멈춤은 무엇이고, 우리 아이에게 멈춤은 무엇인지 골똘히 한 번 생각해보았으면 합니다.

오늘의 확언입니다.

나는 멈춤의 지혜로 늘 새롭게 피어난다.

33

나는 독서로 밀도 있는 삶을 산다.

'밀도'는 제가 꽤 좋아하는 단어입니다. 사전적 정의로는 빽빽이 들어선 정도, 내용이 얼마나 충실한가를 뜻합니다. 학창 시절 사회 시간에 '인구 밀도'라는 단어에서, 또 과학 시간에 부피 대비 질량을 구하는 '밀도'에서, 지천명을 바라보는 지금은 건강검진 차트에서(골 밀도) 자주 봤던 단어입니다. 한때 '밀도 있는 삶'이 제 좌우명이었을 정도로 저의 '최애' 단어이기도 합니다.

저는 어렸을 적 두 언니에 비해 책을 그다지 많이 읽지 않았습니다. 그러다 어른이 되고 엄마가 되고부터는 (아마도)언니들보다 더 많은 책을 읽고 있습니다. 지금쯤이면 언니들이나 저나 독서의 총량에서는 비슷하지 않을까 싶네요.

어렸을 적 독서가 해야만 하는 거였다면 엄마가 되고, 일을 하고부터는 원하고 희망하는 일이 독서였습니다. 제 일(육아나 강의)을 잘하기 위한 것도 있지만, 어떤 상황에서도 내 마음을 흔쾌히 받아주는 친구 같은 존재가 독서였고 책이었습니다. 책은 제 삶의 밀도를 채우는 데 큰 역할을 했습니다.

혹시 답답한 일이 있고, 안 풀리는 숙제가 있다면 책에서 답을 한번 찾아보면 어떨까요? 여러분의 밀도 있는 삶이 자녀의 밀도 있는 삶 그리고 자녀와의 밀도 있는 관계를 이끈다는 것, 꼭 기억했으면 합니다.

오늘의 확언입니다.

나는 독서로 밀도 있는 삶을 산다.

34

나는 오늘도

아이와 소중한 추억을 만든다.

평생 간직하고 싶은 소중한 추억이 있나요? 생각만 해도 뭔가 몽글몽글 따뜻함이 퍼지지 않나요? 이처럼 긍정적인 감정과 기억은 우리 생각과 몸에 참 좋은 영향을 미칩니다. 때로는 미소를 짓게 하고, 때로는 감동의 눈물도 흘리게 합니다.

제가 어머니들께 많이 드리는 얘기 중 하나가 자녀와의 좋은 추억을 많이 만들라는 겁니다. 긍정적인 감정의 기억은 평상심을 갖는 데에도 또 회복탄력성을 높이는 데에도 적잖은 영향을 미칩니다. 게다가 오랫동안 우리의 기억 창고 속에 있으면서 생의 마지막 순간까지 풍만한 삶을 가꾸는 데에 도움을 줍니다.

최근 학부모들과 진행한 한 강의에서 어머니 한 분이 이런 말씀을 하셨습니다.

"제가 강사님 강의 듣기 전까지만 해도, 다른 아이들은 학원 다니는데, 우리 애들은 부모랑 놀러 다니고 체험하는 것만 해서 불안한 마음이 있었습니다. 그런데 긍정적인 감정 기억이 중요하다고 말씀하시니, 많은 위안이 됩니다."

혹여 오해할까 말씀드리지만, 학업은 등한시하

고 추억 만들기를 위한 놀이와 체험만 하자는 것은 아닙니다. 필요한 공부가 있으면 학원도 가야 합니다. 제가 말씀드리고 싶은 것은 긍정적인 감정 기억을 갖고 있는 아이들은 학업에서도 두각을 나타내기 쉽고 학교생활도 잘한다는 것입니다. 그러니 무조건적인 학업 성취 이전에 긍정적인 감정 기억 쌓기에 먼저 공을 들여야 합니다.

저는 공부와 긍정적인 감정 기억을 두 번에 한 번꼴로는 하라고 말씀드리고 싶습니다. 아이와 함께 좋은 추억 많이 만드셨으면 합니다.

오늘의 확언입니다.

나는 오늘도 아이와 소중한 추억을 만든다.

35

나는 오늘도

한 발짝 내디딜 뿐이다.

"아이가 진로에 대한 막연함을 걷어내고 용기를 낼 수 있도록 어떻게 접근을 해야 할까요? 늘 고민이에요. 그래도 최근 아이의 얼굴이 조금 밝아진 것 같아 다행이에요. 저는 뭐든 해낼 수 있는 아이라고 믿지만, 그렇다고 아이가 하자는 대로 그냥 맡겨만 둘 수는 없잖아요. 이 둘 사이를 어떻게 줄타기할지가 항상 고민입니다."

이런 이메일을 종종 받는데요, 제가 어떻게 답을 드릴까요? 대단한 해결책을 제시할까요? 아니면 현실을 직시하라고 단호하게 말씀드릴까요? 그것도 아니면 다 잘 될 거라고 걱정하지 마시라고, 위로의 말씀을 드릴까요?

사실, 정답은 없습니다. 제가 나름 의견을 드리긴 하겠지만 무슨 족집게 강의처럼 비법이 있고 솔루션이 있는 것은 아닙니다. 모든 아이가 다 다른 것처럼 해결책도 다 다릅니다. 그러니 제 의견도, 다른 전문가 의견도 참고하면서 힌트를 얻는 거지 제 말이 정답이 되는 것은 아닙니다.

진로 문제는 그런 점에서 더더욱 어렵습니다. 아

이의 의사도 중요하고 부모의 관점도 중요합니다. 웹툰을 좋아해서 만화가가 되겠다는 딸과 게임을 좋아해 프로 게이머가 되겠다는 아들 사이에서, 아이들이 좋아하니 응원과 격려를 보내야겠다 생각은 하지만, 바늘 구멍 같은 현실을 고려하면 마냥 응원만 하기도 어렵습니다.

자녀의 요구와 바람 그리고 엄마의 생각과 현실의 조건, 이 사이에서 외줄을 타듯 조금씩 조금씩 한 발짝 나아갈 뿐입니다. 올바른 판단이라는 것은 존재하지 않습니다. 때로는 스릴도 맛보고 때로는 위험천만한 순간도 경험합니다. 그러면서 또 한걸음 내딛는 것입니다.

명쾌한 답을 드리지 못해 죄송합니다. 함께 고민하고 찾아가보자고요.

오늘의 확언입니다.

나는 오늘도 한 발짝 내디딜 뿐이다.

36

나는 조바심을 버리고

“다시 한 번 해보자” 주문을 건다.

"저희 아이는 미래에 대한 생각은 굉장히 많은 것 같은데, 실패에 대한 두려움이 너무 크고 또 막막하게 느끼는 것 같아요. 그래서, 넌 정말 가능성 많고 잘할 수 있는 아이야, 라고 응원해주는데, 엄마로서 해줄 수 있는 게 격려밖에 없다는 생각이 들면 답답할 때가 많아요. 어떻게 해야 할까요?"

모든 부모님들이 불안하고 초조하고 그렇습니다. 저는 이런 부모님들에게 조금의 응원이라도 주려고 종종 유머 같은 것을 보여주며 함께 큰 소리로 웃는데요. 최근에 즐겁게 웃은 이야기가 있습니다.

게임에 져서 낙담하고 있는(정확히는 낙담한 것처럼 보이는) 아이에게 아빠가 멋있게 위로를 건네려는 상황입니다. "아빠는 네가 게임하는 것도 이해하고, 네가 게임에서 진 것도 함께 아파할 줄 안단다." 이렇게 멋있게 스스로를 어필하는데, 아이는 아무렇지 않게 대답합니다. "아빠, 실패는 다시 하라는 거예요." 이 얘기를 듣고 아빠는 놀란 눈을 하며 겸연쩍어합니다.

저는 이 에피소드가 웃기기도 하지만, 아이의 대답이 참 다부지다고 생각했습니다. 아마 아이는 다음

번 게임에서는 반드시 이겼을 겁니다. 아빠의 응원 여부와는 상관없이 말입니다.

말 속에 힘이 있다고 합니다. 말은 실제로 우리의 뇌를 깨우고 무의식으로 내려가 실제 행동으로 이어지도록 유도하는 힘이 있다고 합니다.

아들의 "실패, 그까짓 거, 다시 한 번 해보자"라는 말은 긍정 그 자체입니다(아빠가 가르친 것 같지도 않은데, 정말 훌륭한 아들입니다). 이처럼 긍정 마인드를 장착하는 순간 우리의 행동은 미묘하게 달라집니다.

확언을 하는 것도, 거울을 보고 오늘 하루를 다짐하는 것도, 국가대표 펜싱 선수였던 박상영 선수가 "할 수 있다"를 되뇐 것도 긍정 마인드를 장착하는 방법입니다.

이제 어른들 차례입니다. 조바심을 버리고, 그래 한 번 해보자, 다시 한 번 해보자, 하는 마음을 가졌으면 합니다.

오늘의 확언입니다.

나는 조바심을 버리고 "다시 한 번 해보자" 주문을 건다.

37

"나의 인생 시계는
지금 몇 시일까?"
늘 자문한다.

"애들아, '인생시계'로 치면 너희는 지금 몇 시쯤인지 아니? (아이들은 제법 이럴 때 눈을 반짝이며 기다립니다.) 너희 보통 7시쯤 일어나지? 새벽 4시에 일어나 본 사람 있어? 지금 너희 나이는 인생시계로는 아직 새벽 4시야. 아직 눈도 못 뜬 4시란 말이야. 그러니 아직 깨지도 않았어. 뭔들 못하겠니? 꿈이 없다, 하고 싶은 게 없다, 이런 말 하기에는 아직 남은 시간이 많잖아." 이 정도 쯤이면 반 정도는 감화된 눈으로, 반 정도는 그러든 말든 하며 저를 쳐다봅니다.

이 얘기를 아이들뿐만 아니라 학부모님들에게 했더니 "강사님, 저는 아이의 인생시계를 제가 다 좌지우지하며 다그친 것 같아요. 아직 새벽도 안 된 아이들인데, 마치 얼마 안 남은 것처럼 몰아세웠다 싶어요." 또, 어떤 부모님은 "앞으로는 애들 신경 좀 덜 쓰고 저의 남은 시간을 점검하고 챙겨야겠어요." 이렇게 말씀하는 분도 계십니다.

오늘 말씀드리고 싶은 것은 누구에게나 각자의 시간이 있고, 이를 존중할 수 있어야 한다는 것입니다. 자녀에게도 자신의 인생시계가 있습니다. 부모는 기본적으로 이를 존중해야 합니다. 덧붙여 부모님도 자신의 시간을 점검하고 남은 시간을 어떻게 보내야 할지 생각해야 합니다.

아이들 학원 챙기다 노후 준비할 여유가 없어졌다고 많이들 말씀하십니다. 이를 어쩔 수 없는 일이라고 받아들여서는 안 됩니다. 부모님의 남은 인생이 독립적이며 아이에게도 피해를 주지 않으려면 충분한 준비가 필요합니다. 아이의 시간만 챙기고 참견하다가 아무런 준비 없이 다음을 맞으면 안 됩니다.

오늘의 확언입니다.

"나의 인생 시계는 지금 몇 시일까?" 늘 자문한다.

38

나는 늘 부모님께

감사의 마음을 전한다.

저는 알람을 맞추지 않고 하루를 시작한 지 꽤 됐는데요. 가끔은 새소리에 눈이 떠지거나 빗소리에 일어나기도 하지만, 보통은 5시 즈음이면 아침을 시작합니다.

일년 중 생일 아침은 조금 특별합니다. 일어나는 것은 평소와 똑같지만, 이날만큼은 일어나자마자 엄마에게 감사의 편지를 씁니다. 편지를 쓰고 나면 에너지가 차오르는 것을 느낍니다. 이 에너지는 오늘 나를 만나는 모든 이들에게 좋은 파장을 줍니다.

생일 아침 편지를 쓰는 저의 리추얼(의식)은 아이에게도 이어졌으면 하는 바람입니다. 말하지 않아도 생일이면 편지를 쓰는 엄마를 보며, 우리 아이들도 미래에는 저를 향해 편지를 쓰지 않을까요? 저의 욕심일까요?

자녀와의 좋은 관계를 유지하는 것, 부모님께 감사를 표하고 이를 아이들에게 보여주는 것으로도 첫발을 뗄 수 있습니다. 부모를 보고 배운다는 소리를 하지 않아도 감사의 관계는 얼마든지 확장될 수 있습니다. 그것이 감사의 힘이고, 사랑의 힘입니다. 내리 사랑의 힘, 그것에 감사하는 것만큼 강력한 것은 없습니다.

오늘의 확언입니다.

나는 늘 부모님께 감사의 마음을 전한다.

39

나는 아이에게 물려줄
좋은 습관을 갖고 있다.

고대 로마의 정치가였던 세르토리우스는 "습관은 천성보다 완고하다"라고 했습니다. 이 말은 한 번 습관이 만들어지면 이를 바꾸는 데에는 엄청난 노력과 에너지가 들어간다는 것을 뜻합니다. 근데, 이를 반대로 생각하면, 좋은 습관은 성공의 마중물 역할을 하기에 충분하다가 됩니다.

그러면 좋은 습관 만들기, 어떻게 하면 좋을까요? 오래전에 읽은 책 『1,250℃ 최고의 나를 만나라』(김범진 저)를 보게 되면 좋은 도자기를 굽기 위한 조건이 나옵니다. 적절한 밀도의 흙 반죽을 가마에 넣고 1,250℃ 온도에 이를 때까지 온도를 높여야 우리가 알고 있는 도자기가 탄생할 수 있습니다.

좋은 습관 만들기도 이와 다르지 않습니다. 물레질의 반복이라는 습관에 적절한 환경의 자극은 흙을 최고의 명품 도자기로 만드는 마술을 부립니다. 마치 연잎 위로 빗방울이 차츰차츰 모이다 어느 한순간 와락 쏟아지는 것과 같습니다. 좋은 습관이 쌓여 우리를 최고의 예술품으로 탈바꿈시켜 줍니다.

여러분은 자녀에게 어떤 것을 물려주고 싶나요?

저는 돈이나 부, 좋은 가문도 좋지만, 앞서 얘기한 좋은 습관을 물려주고 싶습니다. 여러분은 어떤 좋은 습관을 갖고 있나요?

오늘의 확언입니다.

나는 아이에게 물려줄 좋은 습관을 갖고 있다.

40

나는 아이의 삶을

단순하게 만드는 엄마다.

강의 중 "자녀의 생활을 될 수 있으면 단순하게 만들어주세요"라고 자주 말씀드립니다. 이렇게 얘기하니, 학교만 보내고 학원 같은 데는 보내지 말라는 뜻이냐 묻는 분도 있는데, 제가 말씀드리는 단순함은 습관이 만드는 단순함입니다. 아시다시피 습관이란 생각이나 의지 없이도 저절로 알아서 움직이는 것을 말합니다. 그러니 좋은 습관을 가지게 되면 어떨까요? 이걸 할까? 저걸 할까? 이런 고민이 사라지게 됩니다. 그만큼 생각의 에너지를 절약합니다.

그러면 절약한 에너지는 어디에 써야 할까요? 공부에 써야 할까요? 공부에도 써야 하지만 주변 환경이나 사물을 살피는 일에도 써야 합니다. 낯선 것과 부딪혀 보는 경험을 많이 해야 한다는 뜻입니다.

특별한 일이 없는 주말, 시내 미술관이나 박물관을 방문하고 전시회를 구경하고, 복잡한 시내를 벗어나 한적한 곳으로 터덜터덜 산책 겸 걷기를 해보세요. 또는 조용한 공간에서 멍하니 시간을 보내는 것도 좋습니다.

이런 방식은 창조적인 에너지를 끌어올리는 예

술가들의 방식입니다. 예술가들은 생활 패턴을 최대한 간결하게 하고, 대신 창조적 영감과 에너지를 얻기 위한 활동에 많은 시간을 씁니다.

아이에게 예술가의 삶을 습관으로 두자고 말씀드리는 것은 아닙니다. 학원 하나만 빼서 그 시간을 아이가 창조적으로 쓸 수 있도록 도와주자는 것입니다(게임과 핸드폰 대신에요). 우리 아이들을 믿어 봅시다.

오늘의 확언입니다.

나는 아이의 삶을 단순하게 만드는 엄마다.

41

나는 무거운 짐을
기꺼이 받아들인다.

"가지 많은 나무에 바람 잘 날 없다"는 속담 아시죠? 보통 자녀들에게 좋지 않은 일이 생기면 이런 말을 하며 자신을 위로(?)하는 어머니들이 있습니다. 그런데 또 한편으로는 이런 말도 들어보지 않으셨나요? "아이들이 많은 것도 능력이고, 이 또한 하늘이 허락해줘야 가능하다." 저는 이 말 또한 깊이 공감하는데요. 제 주변에 아이가 넷, 다섯 되는 분들을 보면 정말 예사롭지 않고 비범하다는 생각밖에 들지 않습니다.

농부는 튼튼한 소와 부실한 소 가운데 건강한 소에게 쟁기를 채운다고 합니다. 신도 건강하고 바르게 사는 자에게 무거운 짐을 지웁니다. 탈무드에 나오는 말입니다.

혹시 지금 아이와의 관계가 무거운 짐처럼 느껴진다면, 분명 건강하고 바르게 살고 있다는 뜻입니다. 짐은 스스로 헤쳐나갈 힘이 있는 자에게만 주어집니다. 그러니 오늘도 내일도 무쏘의 뿔처럼 뚜벅뚜벅 걸어나가면 됩니다. 오늘 무거웠던 짐은 분명 어딘가에 중하게 쓰일 것입니다.

오늘의 확언입니다.

나는 무거운 짐을 기꺼이 받아들인다.

42

남 탓, 아이 탓 대신 나를 더 본다.

험담하기 좋아하는 한 여자가 있었습니다. 그녀의 집으로 손님이 찾아왔습니다. 그녀는 손님을 앞에 두고 맞은편 이웃에 대한 험담을 늘어놓았습니다. "저기 좀 봐요. 옆집 빨랫줄에 널린 옷들이 너무 더러워요. 세탁을 엉터리로 했나 봐요." 그러자 이야기를 듣고 있던 손님이 말합니다. "이웃집 빨래가 더러운 게 아니라 여기 유리창이 더러운 거 아닌가요?"

"똥 묻은 개가 겨 묻은 개 나무란다"는 속담도 생각나고 "물고기는 항상 입으로 낚인다. 인간도 역시 입으로 걸린다"라는 탈무드 글귀도 생각납니다.

부모 코칭을 할 때 아이보다 나부터 먼저 살피라는 말씀을 늘 드립니다. 저는 개인적으로 가장 경계하는 사람이 바로 남 탓하는 사람입니다. 남 탓하는 순간, 나의 에너지가 떨어지는 것은 물론이고 내 주위의 에너지도 함께 떨어집니다. 그러다 점점 주변에 있던 사람들이 하나둘 사라지게 됩니다.

누구나 자신에게 도움이 되고 함께 성장하고 싶은 사람을 찾아갑니다. 자녀도 마찬가지입니다. 엄마 아빠는 나를 언제나 문제의 원인으로 지목하는 것이 아니라 나를 잘 성장하도록 도움을 준다, 라는 관점을 갖도록 잘 유도해야 합니다.

어느 자녀교육 전문가는 아이의 잘못을 꾸짖을 때면 열 번 생각하고 꾸짖으라고 말합니다. 저는 세 번이라도 곱씹어 보라고 말씀드리고 싶습니다. 절대 자녀를 탓하거나 자녀에게 잘못을 돌리는 일을 해서는 안 됩니다. 결국 자녀는 부모를 보고 따라 배웁니다.

오늘의 확언입니다.

남 탓, 아이 탓 대신 나를 더 본다.

43

나는 아이에게

푸른 희망의 사람이다.

'아직'에 절망할 때
'이미'를 보아
문제 속에 들어 있는 답안처럼
겨울 속에 들어찬 햇봄처럼
현실 속에 '이미' 와 있는 미래를

(중략)

저 아득하고 머언 아직과 이미 사이를
하루하루 성실하게 몸으로 생활로
내가 먼저 좋은 세상을 살아내는
정말 닮고 싶은 좋은 사람
푸른 희망의 사람이어야 해

박노해 시인의 책 『사람만이 희망이다』 첫 번째로 나오는 시 〈아직 이미 사이〉 입니다. 시인의 말처럼 부모는 늘 자녀에게 '푸른 희망의 사람'이어야 합니다.

'아직' 아이들이 영글지 못해도 '이미' 하나의 소중한 인격체로 생각해야 합니다. 그래서 자녀가 힘든 고비를 겪을 때마다 부모님을 떠올리며, 희망을 찾을 수 있게 도와야 합니다. 부모가 등대와 같은 푸른 희망이 되어 준다면 자녀는 이를 좌표 삼아 앞으로 닥칠 그 어떤 어려움도 꿋꿋이 딛고 일어설 수 있습니다.

한국이 OECD 국가 중 청소년 자살률 1위 국가인 건 어제오늘의 일이 아닙니다. 곱씹어 생각할수록 참담합니다. 자살예방교육 전문가는 스스로 죽고자 하는 사람 옆에 단 한 명의 누군가만이라도 이야기를 들어주었다면 죽음을 선택하지 않았을 거라고 말합니다.

우리 자녀에게 든든한 희망이 되어주세요. 박노해 시인의 시구처럼 '푸른 희망의 사람이어야' 합니다. 그 어떤 순간에도 단단한 버팀목처럼요.

오늘의 확언입니다.

나는 아이에게 푸른 희망의 사람이다.

44

나는 칭찬으로 아이를 춤추게 한다.

수업하다 보면 피드백할 기회가 많습니다. 특히 심리 정서 수업이나 인성, 관계 수업 때의 피드백은 본 수업만큼이나 중요합니다. 피드백의 방법은 여러 가지지만 리액션과 칭찬 등이 가장 효과가 좋습니다.

정신 의학자 이나미 박사는 한국인이 칭찬에 인색한 이유가 본인이 먼저 칭찬을 받고 싶어하는 마음 때문이라고 했습니다. 즉, 받으려고만 하다 보니 주지 못한다고 진단합니다.

저는 관계 수업에서 피드백(칭찬)의 중요성을 얘기하며 '248법칙'을 강조합니다. 내가 2개를 받고 싶으면 상대에게 4개를 주고, 4개를 받고 싶으면 8개를 주라는 법칙입니다. 일상에서 우리는 받을 생각을 자주 하지 주는 것에 대해서는 그다지 잘 떠올리지 않습니다. 그러면서도 기브앤테이크(Give & Take)라는 말은 자주 씁니다. 그런데 기브앤테이크라는 말도 가만히 보면 기브가 테이크보다 먼저 나옵니다. 주는 것이 우선이 되어야 한다는 뜻입니다.

자녀에게 원하는 어떤 모습이 있다면 의식적으로 칭찬을 해주면 좋겠습니다. 만약 오늘 아침 아이가 깨우지도 않았는데 스스로 일어났다면 폭풍 칭찬을 꼭 해야합니다. 그러면 칭찬이 나비 효과를 일으켜 엄청난 선순환을 만들어냅니다.

칭찬으로 아이를 춤추게 할 수 있습니다. 아이들이 춤추면 엄마인 나도 즐겁고 행복합니다.

오늘의 확언입니다.

나는 칭찬으로 아이를 춤추게 한다.

45

나는 아이와
수시로 감정 표현을 한다.

학부모 감정코칭을 하면서 자주 말씀드리는 것이 "모든 감정을 허용하라"입니다. 이 말은 부모님 자신은 물론이고 아이들에게도 해당합니다.

감정은 아무 잘못이 없습니다. 그러니 숨겨서도 안 되고 표현하지 못하게 묶어둬서도 안 됩니다. 화나는 감정, 억울한 감정, 슬픈 감정, 부끄러운 감정, 미안한 감정 모두 인정하고 감싸줘야 합니다. 마치 내 아이를 보듬 듯 아이의 감정도 함께 감싸 안아야 합니다. 그렇지 않으면, 아이 마음속에 감정이 똬리를 틀고 있다 언제 어떻게 폭발할지 모릅니다.

아이의 감정은 아이 그 자체입니다. 엄마가 아이의 감정을 허용해주지 않으면, 아이는 자신의 감정을 감추는 것은 물론이고 머지않아 부모님에게도 마음을 닫습니다. 자녀의 억울함, 분노, 슬픔, 수치, 미안함, 상처, 모든 감정을 안아 주시고 그 마음에 공감해 주셔야 합니다. 그러려면 부모님 스스로 자신의 감정을 잘 알아차리고 수용해야 합니다.

아이의 감정에 공감할 수 있는 몇 가지 팁을 알려 드리겠습니다.

자기 이야기를 잘하는 아이라면, 잘 듣고 두 마디면 충분합니다. "아 그랬구나" "속상했겠구나" 이 정도면 최선입니다. 여기에 이러쿵저러쿵 사실은 이게 맞고 저게 틀리다는 등의 말을 할 필요는 없습니다.

반면 자기 이야기를 잘 하지 않는 아이라면, 혹은 자신의 감정을 잘 표현할 줄 모르는 아이라면 감정 표현(은유할 수 있는) 단어를 잘 보이는 곳에 붙여 놓고 틈틈이 보는 것도 좋습니다. "누구누구야 오늘 마음 날씨 어때?" "엄마는 오늘 꾸물꾸물해." 감정 단어를 생활에서 많이 쓰면 아이도 자연스럽게 배우게 됩니다. 유튜브를 자주 보는 아이라면 영상에서 자주 등장하는 비속어 표현(개○○, 핵○○ 같은)도 많이 쓰는데, 이왕이면 그러지 않도록 엄마가 먼저 감정 표현을 자주 해주면 좋습니다.

오늘의 확언입니다.

나는 아이와 수시로 감정 표현을 한다.

46

나는 오늘도 칭찬받을 기회를

아이에게 만들어 준다.

"선생님 우리 아이가 자존감이 바닥이에요. 어쩌죠? 늘 주눅이 들어 있고, 항상 자신 없어 하는데 걱정이에요. 사실 한글도 다른 아이들보다 빨리 깨쳤고, 영어도 잘하는 똑똑한 아이거든요. 제가 기대가 커서 이것저것 푸시를 했더니, 너무 의기소침한 모습에 가슴이 아파요."

참 마음 아픈 이야기죠? 되돌릴 수 없는 게 시간이지만 지금이라도 엄마로서 자각했다면 다행스러운 일입니다.

자존감이 낮은 아이, 어떻게 해야 할까요? 앞에서도 한 번 애기했지만 한 번 더 반복하자면, 작은 성취라도 해볼 수 있게 도와주고, 또 그에 맞는 인정을 해줘야 합니다. 꼭 거창하지 않아도 됩니다. 피아노, 태권도, 그림 등 무엇이든 상관없습니다. 그걸 얻기 위한 수고와 노력에 박수를 보내는 거니까요.

또 사춘기의 아이들에게는 또래 아이들 앞에서 받는 상장이나 칭찬도 엄청난 효과가 있습니다. 부모가 주는 칭찬 보다 몇 곱절 효과가 있습니다. 그래서 아이가 상장을 받을 기회를 많이 만들어 주는 것이 중요합니다.

자녀의 작은 변화에 열렬히 반응하십시오. 자녀의 자존감은 어릴 적 부모님의 노력이 팔 할이라는 것, 잊지 마시고요.

오늘의 확언입니다.

나는 오늘도 칭찬받을 기회를 아이에게 만들어 준다.

47

나는 오늘 아이의 선한 행동에
큰 반응을 보낸다.

“항상 선한 마음을 지니는 것이 최대의 재산이다.” 유대 랍비 요하난 벤 자카이의 말입니다. ‘선하다’라는 뜻이 다분히 주관적이지만 보편타당한 선함은 최고의 자산임을 부인할 수 없습니다.

‘차카게 살자’라는 말도 많이 합니다(SNS에 많이 돌아다니죠?). 반면 ‘착한 사람 콤플렉스’라는 것도 있습니다. 이처럼 착하다의 의미에는 상황에 따라 다분히 여러 가지 의미를 내포합니다. 저는 개인적으로 착하다는 말을 ‘선하다’ ‘친절하다’의 의미보다 ‘용기와 진정성을 담아 진실하게 하는 어떤 것’이라고 생각합니다.

저희 집 작은 아이는 어릴 때부터 길을 가다 돈이나 물건을 줍게 되면, 꼭 학교 보안관 아저씨나 경찰관에게 가져다주었습니다. 좀 커서는 폐지 줍는 할머니 할아버지의 리어카를 보면 얼른 뛰어가 밀어 드린다거나, 외국인이 길을 몰라 헤매고 있는 눈치면 먼저 다가가 친절을 베풀기도 했습니다(누가 보면 오지랖이라고 하겠죠). 또 학교에서도 가장 먼저 등교해 창문 여는 일도 도맡아 했습니다(이 얘기는 담임 선생님께 들었습니다).

이런 아이가 저는 참 대견합니다. 착한 일에도 용

기와 진정성이 있어야 한다는 것을 거꾸로 아이에게서 배웁니다. 아이들의 용기있는 행동에 대해서는 "당연히 해야 할 일을 했네" 정도로 무반응을 해서는 안 됩니다. 폭풍 칭찬을 해주어야 합니다.

'해피 바이러스'라는 말이 있습니다. 선한 행동은 반드시 선한 영향력을 미치게 됩니다.

오늘의 확언입니다.

나는 오늘 아이의 선한 행동에 큰 반응을 보낸다.

48

나는 '관심' 처방전을 상비약처럼 챙긴다.

셀프처방전

좌절의 처방전은 의지다.
실패의 처방전은 복기다.
충동의 처방전은 숙고다.
욕심의 처방전은 절제다.
포기의 처방전은 도전이다.
고독의 처방전은 소통이다.
오해의 처방전은 공감이다.
자만의 처방전은 초심이다.
후회의 처방전은 실천이다.
일탈의 처방전은 관심이다.

어떤가요? 재미있지 않나요? 저와 같이 진로 상담 일을 하는 지인 선생님께서 상담 받는 아이들에게 시험 전이라고 처방전 용지에 프린트해서 나눠준 선물입니다. 참 재치 있죠?

보면 알겠지만, 평소 우리가 만나는 부정의 생각들을 어떻게 받아들이면 좋은지 셀프 처방한 내용을 담고 있습니다. 여기에는 당장 필요한 처방도 있고, 상비약처럼 오래도록 갖고 있어야 하는 것도 있습니다.

이중에서도 저는 '관심'을 가장 중요하게 생각합니다. 관심은 만병통치약에 버금가는 처방입니다. 특히 어떤 문제 발생 시 초기 진압에 아주 효과적입니다. 그러니 의지, 복기, 숙고, 절제, 도전, 소통, 공감, 초심, 실천은 차차 준비한다 하더라도 '관심'만큼은 지금 당장 잊지 않고 챙겼으면 합니다.

오늘의 확언입니다.

나는 '관심' 처방전을 상비약처럼 챙긴다.

49

나는 아이의 잠재력을 볼 줄 안다.

"아이의 잠재력을 계발하라고 하는데 어떻게 해야 하나요?" 어떤 어머니가 묻습니다. 잠재력의 힘을 공감할 수 있는 영상을 보고 난 뒤, 잠시 쉬는 시간이었습니다.

"잠재력의 사전적 정의는 '겉으로 드러나지 않고 속에 숨겨져 있는 힘'입니다. 그걸 꺼내려면 수많은 숨바꼭질이 필요합니다. 다양한 걸 시도해 볼 수 있도록 아이에게 기회와 여건을 만들어주는 것이 중요합니다."

나에게 숨어 있는 힘을 얼마나 발현하느냐에 따라 재능이 되고 강점이 됩니다. 성공한 사람들은 결국 잠재력을 강점으로 만든 사람들입니다.

저는 개인적으로 신이 주신 잠재력으로 선한 영향력을 미치며, 배우고 공부해서 남에게 주자는 마음으로 살아가고 있습니다. 우리 부모님들도 저처럼 생각해주시면 좋겠습니다. 사랑스러운 자녀를 두고 성공과 실패를 따지기보다 잠재력을 발굴하고 키우는 것에 주안점을 두셨으면 합니다.

모두의 잠재력이 발현되는 그날까지 화이팅입니다.

오늘의 확언입니다.

나는 아이의 잠재력을 볼 줄 안다.

50

나는 매사 아이의 생각을 묻고,
정중히 부탁한다.

"겸손해져라. 그것은 다른 사람에게 가장 불쾌감을 주지 않는 자신감이다." 소설 『홍당무』를 쓴 프랑스 소설가 쥘 르나르의 말입니다. 저는 이 말을 참 좋아하는 데요. 겸손이 곧 자신감이다, 라는 뜻입니다.

지금의 아이들은 치열한 경쟁 속에서 친구들을 밟고 올라서야 자신의 교과 등급이 결정되다 보니, 학교에서도 집에서도 인성을 강조하는 교육을 하기가 참 어렵습니다. 그러다 보니 공부는 잘하지만, 지각을 밥 먹듯 하고, 걸핏하면 핑계와 변명으로만 일관한다거나, 친구들과의 모둠 활동에서는 쉬운 것만 하려는 얄미운 아이들이 많습니다.

반면, 앞서 얘기한 아이들과는 반대로 태도가 예쁜 아이들도 많습니다. 이런 아이들은 대개 집에서 충만한 사랑을 받았던 아이들이라 기본적으로 자신감과 배려심이 있습니다.

우리 아이가 태도가 좋은 아이가 되려면 사랑 외에 엄마가 무엇을 더 챙겨줘야 할까요?

첫 번째는 부모님의 솔선수범입니다. 전화를 받을 때나 이웃과 만날 때, 또는 경비 아저씨를 대할 때,

일상에서 우리를 위해 애써주는 수많은 사람들, 이런 분들을 대할 때 항상 친절함과 상냥함을 보여주셔야 합니다. 당연히 자녀는 어떨까요? 인사도 잘하고 누구에게나 상냥한 아이가 됩니다.

두 번째, 매사에 자녀에게 의사나 생각을 물어보세요. 양해를 구할 일이 있을 때도 정중하게 부탁하고, 뭔가를 결정할 때도 아이 생각을 꼭 묻습니다. "이번 방학 때 어딜 갔으면 좋겠어?" "이런 걸 좀 배워보면 좋겠는데, 네 생각은 어때?" 마냥 따르지는 않더라도, 엄마의 배려가 있다고 느낀다면 그것으로 충분합니다.

앞으로 우리 아이는 학교에서도 사회에서도 항상 밝고 긍정적이며, 타인을 존중하며 타인의 의사를 묻는 근사한 사람으로 성장할 것입니다.

오늘의 확언입니다.

나는 매사 아이의 생각을 묻고, 정중히 부탁한다.

51

나는 제주도 돌담처럼

틈이 있는 사람이다.

제주 돌담이 강한 바람에도 무너지지 않는 것은 돌과 돌 사이의 틈 때문입니다. 바람길이 생기면서 어떤 세찬 바람이 불어도 잘 견디는데, 틈이라는 여유가 돌담을 유지하는 셈입니다.

'크라운 샤이니스'(crown shyness)라는 용어를 들어 보셨는지 모르겠습니다. 좁은 공간에 심어진 나무들이 자라면서 서로의 가지가 성장에 방해되지 않도록 스스로 알아서 간격을 유지하는 현상입니다. 서로 침범하지 않고 사적인 공간을 지킨다고 해야 할까요. 저는 돌담의 틈처럼 이것 또한 여유로 읽힙니다.

제가 부모님 상담 중에 이런 얘기 많이 합니다. 부모와 아이 사이가 돌과 돌 사이의 틈이나, 나무와 나무 사이의 공간을 가지는 것처럼 여유를 두어야 한다고요. 그러면서 너무 완벽한 부모가 되어서는 안 된다고 말합니다(틈이 중요하다는 얘기는 앞에서도 한 차례 한 적 있습니다. 그만큼 중요하다는 뜻입니다).

"엄마가 잘 모르겠는데 알려줄래?"라고 말하면 아이는 우쭐해 하며 좋아합니다. 그리고 신이 나게 자신이 알고 있는 것을 설명합니다.

아이가 기를 펼 수 있도록 마음길을 열어놓으려면, 완벽함 대신 틈을 보여주고 그 틈을 아이가 채울 수 있도록 여지를 주는 것이 좋습니다. 그러면 아이의 자신감도 커지고 부모님에게 도움을 줬다는 성취감도 갖게 됩니다.

오늘의 확언입니다.

나는 제주도 돌담처럼 틈이 있는 사람이다.

52

내 마음 그릇은

언제나 제자리에 잘 놓여 있다.

"막상 아이를 보면 답답하고, 무기력하게 있는 거 보면 속이 상하고, 그러다 저도 모르게 자꾸 다그치게 됩니다. 대화의 시작은 그러려고 한 게 아닌데 본의 아니게 아이를 비판하고 지적하게 되어, 후회만 남습니다. 한 번은 아이한테 사과했더니 아이가 그러더라고요. 엄마, 매번 사과할 일을 왜 반복하세요. 저 같으면 안 그럴 거예요. 이 얘기를 듣는데, 정말 섭섭함과 동시에 뒤통수를 한 대 맞는 기분이 들었습니다."

퍼붓는 소나기에도 잘못 놓인 그릇에는 물이 차지 않습니다. 보슬보슬 가랑비에도 제대로 놓인 그릇에는 물이 차오릅니다. 이 세상 어디에도 내 자녀가 안되길 바라는 부모는 없습니다.

그런데 마음 그릇이 늘 바르게 놓이고 좋을 수만 있나요. 그래서 말씀드립니다. 자녀에게 좋은 부모가 되고 싶다면, 일단 자신에게 먼저 좋은 사람이 되어야 한다고요.

자신에게 좋은 사람이 되기 위해서 가장 먼저 챙겨야 할 것은 아이의 학원 시간표나 일타 강사의 스케줄이 아니라 엄마의 마음 그릇입니다.

방치해 두면 음식에 곰팡이가 슬 듯 마음 그릇도 마찬가지입니다. 음식은 버릴 수라도 있죠. 마음은 버리지도 못합니다. 늘 미련이 남고 후회가 발목을 잡습니다. 내 마음 그릇부터 올바르게 놓여있는지 확인했으면 합니다.

오늘의 확언입니다.

내 마음 그릇은 언제나 제자리에 잘 놓여 있다.

53

나는 매사 '신' 나고 '여'유 있고
'윤'기나는 사람이다.

요즘은 SNS 등에서 자기 이름 대신 별명이나 닉네임으로 활동하는 사람이 많습니다. 그래서 수업을 나갈 때면 이름(본명)으로 삼행시 짓는 활동을 꼭 해보고 있습니다. 거창하게 얘기하면 정체성 찾기 같은 건데, 부모님께서 지어주신 이름에 대한 사랑, 나아가 자존감 찾기입니다.

저는 자주 제 소개를 이렇게 합니다. "여러분과의 시간을 '여'유롭고 '윤'기나게 해드리고자 하는 신여윤입니다."

자기 이름을 사랑하고 자존감과 자아효능감까지 업그레이드할 수 있는 삼행시 짓기, 아이들과는 저녁 식사 자리에서 해도 좋고 이동하는 차 안에서 해봐도 좋습니다. 스스로 짓기도 하고, 지어 주기도 하고, 그러면서 의미도 되새기고 즐거운 경험을 하는 것입니다.

"사람은 사용하는 언어만큼 삶을 산다"라는 말을 들은 적 있습니다. 꽤 오래전에 들은 김경집 박사님의 인문학 특강에서입니다.

내 이름을 사랑하고, 평소 쓰는 말도 좀 더 예쁘

게 사용하고, 그러면 우리의 운명도 좋은 곳으로 향하지 않을까 생각해봅니다.

오늘의 확언입니다.

나는 매사 '신' 나고 '여'유 있고 '윤'기나는 사람이다.

* 내 이름 혹은 자녀 이름으로 삼행시를 짓고 이를 확언해 보세요.

54

나는 내 아이에 쏟는 관심만큼
다른 아이에게도 관심을 둔다.

몇 년 전 고생 고생을 하면서 학교 폭력 예방 영상 콘텐츠를 제작한 기억이 납니다.

힘들었던 일도 시간이 지나면 추억이란 이름으로 웃음 짓기 마련인데요. 영상 콘텐츠를 촬영하는 그날이 딱 그랬습니다. 폭설이 오는 바람에 통신 기지국 한 곳이 마비되면서 카드 사용이 안 되었습니다. 점심도 먹지 못하고, 옷이며 신발이며 잔뜩 젖어 추위에 벌벌 떨기도 했습니다. 아무튼 이때의 고생 때문인지 결국에는 단체상을 받고 훈훈하게 마무리 지었습니다.

사실 오늘 하고 싶은 얘기는 바로 영상에 담았던 내용입니다. 저희는 학교 폭력 예방을 위해서는 "무관심은 죄악이다"라는 메시지를 담은 영상을 기획했습니다. 학교 폭력을 보고만 있어서는 안 된다는 내용입니다. 이를 위해 '오지라퍼'를 컨셉으로 잡았습니다.

아프리카 속담에 "한 아이를 키우기 위해서는 온 마을이 필요하다"는 말이 있습니다. 우리도 불과 몇십 년전만 해도 성씨 촌락에서 사촌들이랑 함께 자라고 컸습니다. 이때 이일 저일 관여하며 동네 대소사를 다 챙기시는 분이 있었습니다. 이런 분들이 '오지라퍼'입니다. 이웃사촌의 의미가 강할 때만 해도 통장, 이장이 이런 분이었습니다(이장은 농촌지역에서는 여전히 살아있는 오지라퍼입니다). 그런데 요즘 세상에는 이런 분들이 정말 드뭅니다. 영화나 드라마에서나 간혹 볼 수 있습니다(홍반장? 기억나시죠?).

내 자녀에 대한 관심만큼, 내 주변 아이에 대한 관심도 중요합니다. 남의 집 아이를 두고서 이래라, 저래라 하자는 말씀은 아닙니다. 내 아이와 관계된 아이들(친구)에 관심을 두고, 내 아이가 그 아이들 얘기를 할 때 좀 더 귀담아듣자는 뜻입니다. 간섭이 아닌 관심을 기울일 때 더 좋은 일이 생기는 건 당연한 이치입니다.

오늘의 확언입니다.

나는 내 아이에 쏟는 관심만큼 다른 아이에게도 관심을 둔다.

55

나는 늘 운이 좋은 사람이다.

"진로코칭 자격 과정을 수료하고 바로 학교 현장에 투입되어 아이들 자유학년제 수업을 진행했다. 독서코칭 교육을 막 수료했더니 도서관 사서로부터 청소년 독서토론 동아리 수업을 의뢰받았다. 속상한 일이나 난감한 일이 닥치면 수호천사(엄마)가 나타나 도와준다. 불가피하게 약속을 지키지 못할 상황이면 상대가 먼저 약속을 지키지 못할 것 같아 미안하다고 연락이 온다. 뭔가 계획하는 일이 있는데 어떻게 알고서 함께 하자며 누군가 손을 내민다. 코로나가 한창일 때도 (온라인)강의 기회가 많아져 가장 바쁜 나날을 보냈다."

이게 뭐냐고요. 모두 제 이야기입니다. 저는 늘 운이 좋은 사람입니다. 운은 그냥 오지 않고 계획된 우연처럼 옵니다. 오랫동안 노력하고 준비한 사람에게 찾아옵니다. 그런데 이 운도 조정할 수 있다고 하면 믿기시나요?

저는 뇌과학에 관심이 있어 한동안 여러 책을 많이 읽었습니다. 많은 과학자들이 이구동성으로 하는 얘기가 뇌는 정직해서 내가 생각하고 말한 그대로 움직인다는 것입니다. 혹자는 이를 '무의식의 힘'이라고도 합니다(앞에서도 한 번 다룬 적 있습니다).

확언 역시 말하는 순간, 뇌는 이를 진짜라고 생각하고 우리의 행동이나 사고를 나도 모르는 사이에 조정합니다. 이것만큼 신기한 운 만들기가 어디 있을까요? (그렇다고 로또 1등을 매일 확언한다고 해서 1등에 당첨되는 것은 아닙니다.)

늘 감사하고, 늘 바라는 대로 이루어진다고 확언하세요.

오늘의 확언입니다.

나는 늘 운이 좋은 사람이다.

56

자기계발의 시작은 나 알기부터다.

진정한 의미의 자기계발은 사회가 요구하는 사람이 되는 것이 아니라, 자신에게 필요한 사람이 되는 것이다. 이 말은 좋아하는 일을 마음껏 하는 사람이 되는 것이라고 바꿔도 될 것 같습니다.

경쟁을 통한 효율성을 추구하는 자본주의 사회에서는 '타인보다 더 나은 나'를 만든다는 관점에서 자기계발 콘텐츠 수요가 많은 편입니다. 계속해서 자신을 더 나은 사람으로 바꾸어야 사회가 불러주기 때문입니다. 하지만 이런 게 자꾸 강조되다 보니 세상(타인)이 원하는 방향의 자기계발만 있고, 내가 좋아하고 내가 즐겁게 하는 자기계발은 사라지고 없습니다. 왜냐면, 비효율적이기 때문입니다. 한마디로 돈이 안 된다고 보는 것입니다. 이처럼 '나'가 빠진 채 세상의 요구에만 맞추는 자기계발은 나를 지치게 하고 '자기계발 무용론'이라는 말이 나올 정도로 개성 없는 사람을 만들어냅니다.

올바른 자기계발의 시작은 '나 알기'부터입니다. 나를 잘 알기 위해서는 어떻게 해야 할까요? 직접적인 경험을 해보는 방법과 독서 같은 간접 경험을 해보는 방법이 있습니다. 직접적인 경험은 아무래도 한계가 있다 보니 독서를 통한 간접 경험에 더 많은 에너지를 쓰는 게 현명합니다.

이야기가 독서로 흘렀는데요, 책읽기의 중요성은 더 이상의 강조가 무색할 정도로 너무나 잘 아는 사실입니다. 그럼에도 또 강조해야 하는 것이 독서입니다. 독서를 통해 '나 알기'에 성공하셨으면 합니다.

오늘의 확언입니다.

자기계발의 시작은 나 알기부터다.

57

나는 경험에서 비롯되는 성장을 아이에게 만들어 준다.

저는 7년째 해오고 있는 '학부모책'(경험과 지혜를 나누는 '선배맘'을 지칭. 서울시교육청에서 매년 20권(명)을 지정함) 활동을 애정하고 그것에 큰 의미를 두고 있는데요. 제가 꼭 빼먹지 않고 하는 조언은 '경험'에 관한 것입니다. 이 책에서도 수차례 강조했습니다.

경험에는 좋은 경험, 나쁜 경험이 있습니다. 좋은 경험은 다들 잘 아실것 같고, 나쁜 경험이란 하고 나서 후회하는 것을 말합니다. 시험을 망치거나 친구와 싸우는 것은 하지 않았으면 좋았을 나쁜 경험입니다. 하지만 나쁜 경험으로도 배우는 어떤 것이 있습니다. 그래서 세상에 필요없는 경험은 없다고 말씀드립니다.

다시는 하지 말아야지 하는 깨달음을 머리로만 이해하는 것과 몸으로 느끼는 것에는 각성에서 하늘과 땅만큼의 차이가 납니다. 그래서 저는 좋든 나쁘든 모든 경험이 다 피와 살이 되고, 성장의 동력이 된다고 말씀드리고 싶습니다. 그러니 아이가 때로는 나쁜 경험을 하는 것 같다고 해서 무조건 막을 게 아니라 안전상 위험한 일만 아니라면 실패 경험을 해본다고 생각하고 놔두셔도 된다고 봅니다.

괴테는 "나를 죽이지 않는 모든 경험은 나를 키우는 스승이 된다"라고 했습니다. 죽지 않을 정도로 하는 경험은 나를 성장시킨다고 했습니다.

경험에서 비롯된 성장은 프리즘의 빛 번짐처럼 다각도로 펼쳐지는 무한 잠재력입니다. 어떤 부분에서 아이의 잠재력이 꽃필지는 아무도 모릅니다.

오늘의 확언입니다.

나는 경험에서 비롯되는 성장을 아이에게 만들어 준다.

58

나는 정성으로 아이들을 지지한다.

"곡석(곡식) 기르는 것과 자석(자식) 기르는 것이 매 한가지여. 오리새끼 기르는 것과 도야지새끼 기르는 것도 다 한가지여. 내 속이 폭폭 썩지 않으면 아무것도 자라지 않는 법이여. 내 자석들을 키울 때는 애를 나무 그늘에 재워 놓고 논일을 했었는디, 애가 깨서 울길래 일을 할 수가 없어서 애를 때려주고 나도 울었어. 그놈들이 자라서 시방 도회지에 나가서 일 다니는데 명절 때는 돌아와. 내가 논에서 일할 때 퍼런 곡석들 틈으로 멀리서 논두렁길을 걸어오는 내 자석들의 모습이 보이면 눈물이 쏟아져서 치맛자락에 코를 팽팽 풀었지."

『김훈 박래부의 문학기행 둘』이라는 책에 나오는 한 장면입니다. 김용택 시인의 고향인 섬진강으로 문학기행을 떠났다 그곳에서 만난 어느 할머니가 해준 말이었다고 합니다. 저는 우연한 계기에 이 글을 접했는데, 왜 그리 뭉클했는지 모릅니다.

부모 자식 사이의 관계를 천륜(天倫)이라고 합니다. 하늘이 맺어준 인연으로 서로 떼려야 뗄 수 없는 관계입니다. 저는 지금도 엄마, 어머니라는 단어만

봐도 가슴 한구석이 먹먹합니다. 뭐라 표현하기 어려운 어떤 전류 같은 게 흐릅니다. 최근에는 건강하실 때 함께 시간을 보내라는 주위의 조언에 따라 엄마랑 같이 여행을 다녀오기도 했습니다.

내리 사랑도 생각도 해봅니다. 지금은 군 생활 중인 큰 아이를 생각할 때면 또 어김없이 뭉클해 옵니다. 엄마 손을 놓칠세라 고사리손으로 제 손가락 마디를 꼭 붙잡고 다니던 아이가 지금은 늠름한 군인 아저씨가 되었습니다. 자식 그립고 보고 싶은 마음은 모든 부모에게는 매한가지입니다. 그렇게 우리는 자식을 농사짓듯 키우고 또 그 자식이 장성하여 자손을 보고 그렇게 대를 이으며 살았습니다.

저 또한 정성으로 두 아이를 키웠다 자부합니다. 아직 제 손을 아주 떠난 건 아니지만 늘 응원하는 마음, 사랑하는 마음으로 아이들을 지지합니다.

오늘의 확언입니다.

나는 정성으로 아이들을 지지한다.

59

나의 경청은 소통의 첫 단추다.

소통에서 제일 우선하는 게 뭐라고 생각하세요? 답은 사람마다 다릅니다. 심지어 이를 전문적으로 연구한 학자들 의견도 다릅니다. 그래서 그런 걸까요? 부모님들이 가장 힘들어 하는 것 중 하나가 바로 소통입니다.

하교하고 온 아이를 진심으로 환대하며 눈을 마주치고, 재잘재잘하는 이야기를 들으며 공감하고 경청하는 일. 저 또한 무수히 많은 시행착오를 겪었습니다. 저녁 준비하는 중이라는 이유로? 통화하는 중이라는 이유로? 일하는 중이라는 이유로? 경청을 외면했던 적도 많았습니다. 그러다 아이가 사춘기가 되어 더 이상 부모랑 대화하지 않으려 한다고, 아무 말 없이 제 방으로 쏙 들어간다고, 화를 내기도 했습니다. 물론 누구나 실수합니다. 완벽할 수는 없습니다. 다만, 빈번한 실수가 계속된다면 더 이상 실수가 아닙니다.

경청(傾聽)이란 단어 한번 살펴볼까요? 기울일 경, 들을 청입니다. 한자의 뜻만 봐도 알 수 있습니다. 상체를 상대에게 충분히 기울여 듣는 것이 경청입니다.

제가 지자체 진로직업체험지원센터에서 하는 〈들어드림〉이라는 방송에 출연한 적이 있습니다. 말 그대로 청소년들의 고민(하소연)을 들어주는 프로그램입니다. 이곳에서 정말 크게 느낀 것 중 하나가 많은 부모님께서 우리 아이들 이야기에 조금만 더 귀 기울여 주면 얼마나 좋을까 입니다.

듣는 것으로 화근이 되는 경우는 없습니다. 타인의 말을 경청하고 자녀의 이야기에 귀 기울여 주시기 바랍니다. 좋은 관계의 시작입니다.

오늘의 확언입니다.

나의 경청은 소통의 첫 단추다.

60

나는 매사

아이의 개성과 취향을 고려한다.

디지털 기술이 발달하고 많은 일이 온라인에서 일어나면서 인포데믹(infordemic, 정보감염증)에 대한 우려도 점점 커지고 있습니다. 인포데믹은 정보와 전염병의 합성어로 어떤 부정확한 정보가 바이러스 퍼지듯 마구마구 퍼져 나가는 현상을 말합니다. 가짜뉴스 같은 것이 여기에 해당합니다.

우리는 온갖 정보에 노출되어 있습니다. 그러다 보니 과한 정보에 소신 없이 흔들거리거나 또 휩쓸리기도 합니다. 정확하고 유용한 정보를 알고 싶은 것은 모든 부모님의 바람입니다. 하지만 공교육에서 공부나 입시에 대한 정보를 충분히 제공하지 못하면, 학부모님은 사교육을 두드려 돈을 내고 정보를 살 수밖에 없습니다. 안타깝지만 우리가 너무나 잘 알고 있는 한국 사회의 현실입니다.

이를 부정하고 어떻게 해보자는 것은 아닙니다. 다만, 다른 엄마들이 이렇게 한다고 해서 같이 휩쓸리지는 말자는 것입니다. 꼭 알아야 한다, 최신 정보다 해서 현혹되어 끌려다니다 보면, 정작 가장 중요한 내 아이의 생각을 잊어버리게 됩니다. 아무리 좋은 정보라도 아이에게 맞지 않고, 아이가 거부해버리면 아무 소용이 없습니다.

이럴 때일수록 올바른 정보 파악 능력과 부모님의 소신이 중요합니다. 부화뇌동(附和雷同, 줏대 없이 남의 의견에 따라 움직이는 것)하지 않고, 반드시 자녀의 개성과 취향을 바탕으로 자녀의 생각을 존중했으면 합니다.

오늘의 확언입니다.

나는 매사 아이의 개성과 취향을 고려한다.

61

나는 오늘도 정성을 다할 뿐이다.

『주역』에 나오는 궁즉변(窮則變), 변즉통(變則通), 통즉구(通則久)의 뜻은 '다하면 변하고, 변하면 통하며, 통하면 지속된다'라는 뜻입니다. 주역은 '변화의 책'으로 알려졌지만, 역설적이게도 주역이 전하는 뜻은 수천 년이 지나도 변함없이 이어져 오고 있습니다. 세상은 한결같음을 요구하면서도 또 다르게는 변화의 흐름에 맞춰 시시각각 대응하기를 요구합니다. 그러고 보면 세상 모든 일은 극과 극이 닿아 있습니다.

얼마전 만난 두 학부모 애기를 좀 해보겠습니다. 한 분은 아이의 사교육과 관련해서 꼭 그렇게 해야 할까요, 라고 되묻는 분이었습니다. 아이가 원해서 해도 공부가 될까 말까인데, 시켜서 하는 게 얼마나 도움이 되겠느냐는 논리였습니다. 반면, 또 한 분은 스스로 공부하는 아이가 세상 몇이나 되냐며 사교육을 비롯해 엄마가 적극 나서야 한다고 주장했습니다.

저는 두 분께 너무 지나치면 모자람만 못하다고 말씀드렸습니다. 그러면서 첫 번째 분께는 사교육 유무가 중요한 것이 아니라 자기주도의 공부 습관이 있느냐 없느냐가 더 중요하다고 말씀드렸습니다. 두 번째 분께는 엄마의 적극적인 개입이 어떤 문제점을 낳는지 말씀드렸습니다.

너무 지나치지도 말아야 하고, 너무 모자라지도 말아야 합니다. 참 어렵습니다. 하루하루 정성을 다 할 뿐입니다.

오늘의 확언입니다.

나는 오늘도 정성을 다할 뿐이다.

62

나의 여유는
긍정 확언과 감사일기에서 나온다.

"몸이 무엇을 하고 있는지가 아니라 머리와 마음이 무엇을 느끼는지가 휴식의 질을 좌우한다." "아침 일찍 일어나 잠깐이라도 여유를 경험해보면 일상에서도 복잡한 마음을 잠시 내려놓을 빈틈을 쉽게 찾을 수 있다."

새벽 기상으로 유명한 유튜버이자 변호사인 김유진씨의 책 『나의 하루는 4시 30분에 시작된다』에서 발췌한 문장입니다. 누구나 일찍 시작하는 여유 있는 일상을 살고 싶지만 작가의 조언대로 4시 반에 일어나는 것은 아무래도 쉽지가 않습니다.

저는 보통 5시 정도면 일어나는데, 저보고도 "강사님의 여유도 새벽 기상에서 나오는 것 아닌가요?" 라고 묻는 분들이 많습니다. 아무래도 일찍 일어나는 것이 답이 되지는 않을 것 같고, 긍정 확언을 하고 감사일기를 쓰는 것이 삶의 여유를 주지 않았나 싶습니다.

집중해야 할 일, 감사해야 할 일이 구체화되면 꼭 해야 할 일과 하지 않아도 될 일이 자연스럽게 구분됩니다. 그러면 하루가 간명해지고 여유가 생깁니다.

꼭 확언과 감사일기가 아니어도 됩니다. 명상, 필사, 백팔 배 등 잠시 나와 마주하는 시간을 갖는 것, 그래서 진짜 중요한 것과 그렇지 않은 것을 구분하는 것, 여기에 시간을 쓸 때 오히려 여유 있는 시간을 만들 수 있습니다.

오늘의 확언입니다.

나의 여유는 긍정 확언과 감사일기에서 나온다.

63

나는 오늘 장점 릴레이를 한다.

저는 종종 강의가 막바지에 이를 무렵, 부모님들께 마지막 인사를 하면서 가정으로 돌아가셔서 장점 릴레이를 꼭 해보라고 권합니다. 가족끼리 모여 하는 게 어려우면 가족 단체 채팅방 같은 곳을 이용해도 좋다고 알려줍니다.

채팅방에 큰 아이는 아빠의 좋은 점을, 아빠는 작은 아이의 좋은 점을, 작은 아이는 엄마의 좋은 점을, 엄마는 큰 아이의 좋은 점을 연달아서 릴레이 하듯 글을 올리는 것입니다. 그러면 그날 카톡방은 한마디로 불꽃이 튀는 공간이 됩니다. 좋은 의미에서의 불꽃입니다.

저는 이를 습관으로 만들었으면 합니다. 매주 한 번씩, 아니면 한 달에 한 번이라도 해보았으면 합니다.

그리고 자주 하다 보면, 더 이상 칭찬할 게 없어요, 라고 말할 수도 있습니다. 이때는 아주 작은 사소한 것까지도 끄집어내면 됩니다. "양말을 빨리 신는다" "주차를 잘한다" 같은 것도 장점이 될 수 있습니다.

장점을 찾기 위해 관찰에 집중하면 그동안 내가 몰랐던 가족의 모습을 발견합니다. 이는 아이를 이해하고 부모를 이해하는 새로운 길잡이 역할을 합니다.

한 주의 시작 또는 한 달의 시작을 기분 좋게 하는 장점 릴레이 꼭 해보시길 바랍니다.

오늘의 확언입니다.

나는 오늘 장점 릴레이를 한다.

64

나는 나를 가장 아끼고 사랑한다.

'극기'(克己)라고 하면서 자신과의 싸움을 독려하는 일이 있습니다. 얼마 전 입대한 저희 큰 아이도 특수부대에 자원해서 최종 선발되었다고 합니다. 엄마로서 대견하기도 하고, 또 한 편으로는 얼마나 힘들까 싶기도 합니다. 한 번 자신의 한계를 시험해보고 싶다는 아이의 선택을 존중할 수밖에 없습니다.

'극기복례'(克己復禮)라는 말도 있습니다. 자신을 이겨서 예로 돌아간다는 뜻입니다. '외유내강'(外柔內剛)이라는 말도 있습니다. 타인에게는 부드럽게 대하고, 자신에게는 엄격하게 대한다는 뜻으로 이 말 역시도 스스로를 채찍질하고 강하게 만든다는 극기의 의미를 지닙니다.

이 말들이 아주 오래 전부터 내려오는 말인 만큼 틀린 것은 없다고 생각합니다. 하지만 나이가 점점 들면서 드는 생각은 자신을 이기고 엄격히 대하기 전에 자신을 소중하게 여기는 마음이 더 우선임을 떠올립니다. 무슨 말이냐 하면 자기를 이기기 위해 엄격하게 잣대를 들이대기 전에 자신을 아끼고 사랑함이 먼저라는 뜻입니다.

자신을 소중히 여기는 것이 삶의 원동력입니다. 스스로를 사랑할 줄 알고 아낄 줄 아는 사람이 타인과의 공감과 소통에도 능합니다. 그리고 회복탄력성도 뛰어납니다. 자신을 놓아버리는 것만큼 위험한 것은 없습니다. 그 어떤 순간에도 자신을 사랑해야 하는 이유입니다.

오늘의 확언입니다.

나는 나를 가장 아끼고 사랑한다.

65

나는 오늘

아이의 눈으로 세상을 본다.

수업 중 유난히 저를 들뜨게 하는 아이들이 있습니다. 똑같은 질문을 해도 정말 기상천외한 상상력으로 답변하는 아이들인데요. 이런 아이들 답변은 종종 강의 소재가 되어주기도 합니다. 그래서 다른 아이들에게도 보여주고 동기부여를 하는 데도 사용합니다.

그런데 이런 아이들이 무슨 특별하고 대단한 교육을 받은 것 같지만, 알고 보면 평범한(?) 우리 자녀입니다(기발한 답을 하지 않는 아이는 하나도 없습니다).

물론 그 반대인 아이들도 있습니다. 자기 생각을 표현하기 주저하거나, 쓸데 없는 짓이라고 생각하는 아이들입니다. 모범 답안을 요구받는 일이 점점 많아질수록 아이들의 상상력은 무기력해집니다. 중학생이 되고부터는 이런 경향이 심해집니다.

착시를 활용한 그림을 자주 그리는 우크라이나 화가 올렉 슈프락의 그림 중 고흐의 얼굴을 그린 작품이 있습니다(검색해서 꼭 찾아보세요). 이 그림을 보고 "선생님, 바람이 보여요"라고 말한 아이를 잊을 수가 없습니다.

아이의 눈으로 세상을 보면 프레임 자체가 달라

집니다. 아이와 눈높이를 같이 하면서 누가 더 기상천외한지 시험해봐도 좋을 것 같습니다.

오늘의 확언입니다.

나는 오늘 아이의 눈으로 세상을 본다.

66

아이와의 좋은 관계를 위해 작은 습관을 만든다.

현장 강의에서 긍정 확언과 감사일기를 소개하면, 신기루를 만난 듯 환호하며 꼭 해보겠다고 말씀하시는 분들이 많습니다. 그런데 그런 분들도 며칠 뒤에 다시 여쭤보면, 아직 시작을 못 했어요, 시작하려다 보니 어렵고 어색하네요. 이렇게 말씀하시면서 겸연쩍어합니다. 꼭 드리고 싶은 얘기는 '즉시, 작게, 완벽하지 않게' 시작해야 한다는 것입니다.

습관 관련 책을 단 한 권이라도 읽어 본 분들이라면 습관을 들이기 위해 작은 행동을 반복하는 것이 왜 중요하고 앞으로 이것이 어떤 힘을 발휘하는지 잘 압니다.

처음부터 너무 완벽하게 하려면 금방 지칩니다. 이 정도만 해도 될까 싶을 정도로 아주 작은 것부터 시작해야 합니다. 그러면서 원래 하고자 했던 것으로 조금씩 넓혀가는 것이 중요합니다.

저는 긍정 확언으로 하루를 시작하고 감사일기로 하루를 마무리하는 일상이 습관이 되다 보니 이제는 너무 자연스럽습니다. 그리고 이 습관 덕분에 많은 변화가 있었습니다. 두 권의 책을 쓴 작가가 되었고, 이렇게 또 한 권을 준비하고 있습니다. 작가가 된 것뿐만 아니라 유튜버가 되었고 다른 분들에게 영감과 에너지를 주는 코치도 되었습니다.

시작은 작은 습관부터입니다. 아이와 좋은 관계를 맺는 것도 습관이라고 생각하고, 어떤 것부터 작게 시작하면 좋을지 생각해보았으면 좋겠습니다.

오늘의 확언입니다.

아이와의 좋은 관계를 위해 작은 습관을 만든다.

67

아이에게 큰 소리 치기 전에

확언을 꼭 생각한다.

우리 인생에서 가장 근사하고 멋진 '계획된 우연'에는 어떤 것이 있을까요? 저는 단연코 부모 자녀와의 만남이라고 생각합니다. 세상에 태어나 가장 잘한 일, 가장 행복한 만남이 무엇이냐고 묻는다면 아이를 낳은 일, 아이와 처음 만난 날을 이야기합니다. 정말 그 행복감과 환희의 순간을 잊을 수 없습니다. 저만 그러진 않을 겁니다.

그런데 아이가 사춘기를 맞고 자아 정체성으로 또는 여타 이유로 방황의 시기를 거치고 있을 때면, 우리는 어떻게 하나요? 애 때문에 미쳐버리겠다 하고, 정말 내가 왜 낳았는지 모르겠다고 합니다. 그렇게 얘기하면 속이 시원할까요? 그렇지 않습니다. 엄청나게 후회를 하고, 아이에게는 사과를 하고 용서를 구합니다.

큰 소리 치기 전에, 아이와의 만남이 얼마나 소중했는지 머릿속으로 한 번만 떠올렸어도 그러지 않았을 텐데, 항상 이성의 끈을 놓고는 후회합니다. 그러면, 이런 일이 다시 일어나지 않도록 하는 방법은 없을까요?

있습니다. 이때 필요한 것이 긍정 확언입니다. 확언은 계속해서 내 머릿속으로 어떤 것을 상기시키고 나중에 무의식에서도 그걸 떠올리도록 도와줍니다. 그래야 화가 끝까지 나서 아이에게 퍼붓고 싶은 말이 있더라도 잠시 멈출 수 있고, 도망간 이성을 다시 불러올 수 있습니다.

확언, 하지 않을 수 없겠죠?

오늘의 확언입니다.

아이에게 큰 소리기 치기 전에 확언을 꼭 생각한다.

68

지금이 바로
아이의 성장 동기가
만들어지는 순간이다.

베스트셀러였던 에크하르트 톨레의 『삶으로 다시 떠오르기』라는 책을 아시나요? 저는 지난해 필사로 이 책을 선택하고 처음부터 끝까지 '통필사'를 했습니다. 필사하는 내내 이전에 읽었을 때와는 전혀 다른 느낌이 들었습니다.

모든 일에는 타이밍이란 게 있고, 같은 일이라도 타이밍에 따라 다른 결과를 얻습니다. 변화와 성장에도 타이밍이라 부르는 어떤 계기가 있습니다. 누구에게나 잠재된 성장 동기가 있고, 그 타이밍은 모두가 다릅니다.

성장 동기는 어디에서 시작될까요? 무슨 특별한 시간이 있는 것은 아닙니다. 청소년기의 자녀라면 지금 이 순간입니다.

우리는 현재를 살아감에도 자꾸 과거에 연연하고 미래를 걱정합니다. "그때 그랬었지"하고 과거만 곱씹고 있거나, 아직 오지 않은 미래를 걱정하며 "안 되면 어떡하지"라며 불안감에 빠지는 우를 범하기도 합니다. 만약 엄마인 내가 현재를 보지 못한다면 자녀는 지금의 자신을 인정받지 못한다고 생각하고 불안해합니다.

아이의 현재에 집중해주세요. 그리고 아이의 현재에 도움이 되는 방법을 연구하세요. 자꾸 미래를 준비한다고 말하면서 아이의 성장 동기를 놓치지 말고, 지금 아이가 원하는 것에 집중해보세요. 성장하고 싶은데, 그게 무엇인지 몰라 헤매고 있을지도 모릅니다.

오늘의 확언입니다.

지금이 바로 아이의 성장 동기가 만들어지는 순간이다.

69

나는 아이에게

도전하는 모습을 보여준다.

어리지만 끈질기게 과제를 물고 늘어지는 아이들이 있습니다. 이건 공부를 잘하는 것과는 또 다른 능력입니다. 이를 '그릿'(grit)이라고 표현하기도 합니다. 또 다른 말로는 근성(根性)같은 것이기도 합니다. 해내고자 하는 의지를 갖고 있는 아이들은 언젠가는 두각을 나타낸다고 수많은 책이 한결같이 말합니다.

우리 아이의 근성을 길러주기 위해 엄마는 무엇을 해야 할까요? 저는 부모가 먼저 모범을 보이는 것부터 해야 한다고 말씀드리고 싶습니다. 엄마가 어떤 도전 과제를 설정하고 있으며, 이를 달성하기 위해 어떤 항상심을 갖고 노력하는지, 그 과정을 매일같이 아이에게 알려주는 것이 중요합니다.

"오늘 엄마가 이렇게 (도전)했어." "힘들었지만, 조금 나아져서, 엄마는 기분이 좋아." "엄마는 내일도 똑같이 반복하고 도전할 거야." 이런 대화를 통해서 엄마의 한결같음을 보여주고, 그것이 만드는 변화를 볼 수 있도록 하는 것이 매일 잔소리 하는 것보다 낫습니다.

그런데 많은 엄마들이 그냥 편안하고 싶고 지금

그대로이고 싶은데, 아이에게는 도전했으면 하고 강요를 합니다. 그렇게 해서는 아이가 움직이지 않습니다.

외국어 공부에 도전하거나, 자격증 따기에 도전하거나, 보디 프로필에 도전하거나, 아이에게 직접 보여주는 것만큼 좋은 것은 없습니다.

오늘의 확언입니다.

나는 아이에게 도전하는 모습을 보여준다.

70

나는 아이의 '멍 때리는' 경험도
소중히 생각한다.

"강사님 저희 아이는 스스로 뭘 해보겠다는 마음이 전혀 없어요. 물론 제가 케어를 잘 못한 것도 있지만, 아이가 하겠다는 게 있으면 적극 지원해줄 용의도 있는데 저러네요. 어떻게 해야 할까요?"

우리 아이들 중 과연 몇이나 뭘 좀 해보겠다고 스스로 나설까요. 조사해본 것은 아니지만 솔직히 극소수라고 추정합니다. 아이들이 자발적으로 뭔가를 하기 위해서는 확실한 동기가 필요합니다.

동기가 될만한 경험을 아이들에게 만들어 주라고 말씀드렸더니 "방학 동안 여름 캠프에 보내려고 했는데, 아이가 안 가려 해요" "미술관이나 박물관에 가자고 했더니, 지루하다고 절대 안 가려고 합니다" 라고 볼멘 소리를 합니다. 그런데 가만히 생각해보세요. 캠프나 박물관은 아이가 하고 싶은 경험이 아니라 엄마가 만들어주고 싶은 경험이 아닐까요?

아이에 따라서는 경험하고 싶은 게 전혀 없다고 말할 수도 있습니다. 저는 이럴 때는 그냥 두라고 조언드리고 싶습니다. 하는 것 없이 빈둥빈둥 거리는 걸 못 보는 부모님도 있겠지만, '멍 때리는' 것도 경험이라고 생각해야 합니다.

매일 같이 뒹굴뒹굴하는 것 같지만, 아이는 좀 더 재밌는 게 없을까 계속해서 머리를 굴리고 있는지도 모릅니다. 그러다 어느 순간 몰입하는 뭔가가 나올 수도 있습니다.

"뭘 (경험)하고 싶을까?" 이렇게 고민하는 것도 경험입니다. 경험이 쌓여야 결과(하고 싶은 것)도 나옵니다.

오늘의 확언입니다.

나는 아이의 '멍 때리는' 경험도 소중히 생각한다.

71

나의 삶은 온전히

나에게 최적화되어 있다.

얼마 전 경기도 교육청 주최로 진로상담 교사를 대상으로 수업을 진행한 적이 있습니다. 한동안 온라인으로만 인사하고 수업했던 터라, 대면에서 직접 보고 얘기를 나누니 홀가분하고 후련하다는 생각을 했습니다. 교사들도 너무 적극적으로 참여해주시고 수업 만족도도 좋았습니다.

저는 수업하면서 에너지를 많이 받기도 하는데, 그날은 다른 날보다 훨씬 더 그랬던 것 같습니다. 많은 분께 좋은 영향력을 미치고 있다는 만족의 소리를 제 안에서 들은 날이었습니다. 이런 날은 수업이 하나도 힘들지 않습니다.

그렇게 수업을 마치고 다시 다른 수업 장소로 이동하는데, 참여하신 한 선생님께서 가는 길이니 태워주겠다고 하셨습니다. 몇 번이나 괜찮다고 했지만, 결국 감사하다고 인사드리고 동행자가 되었습니다.

이동하는 차에서 그분은 교사 한 명 한 명과 눈을 맞추고 참여 교사들에 대한 호의와 예우 그리고 하나라도 더 알려주고 싶어하는 열정적인 모습에 깊은 감동을 했다고 말씀하셨습니다. 그 말씀을 듣는

데, 저에게 가장 최적화된 순간이 지금이라는 생각이 들었습니다.

이 글을 읽는 어머니의 가장 최적화된 순간은 언제인가요? 혹시 모르겠다면 같이 한 번 생각해보면 어떨까요? 꼭 무슨 대단한 일을 해야 하고, 사회생활을 해야만 최적화된 순간이 있는 것은 아닙니다.

누구나 최적화된 삶을 누릴 자격이 있습니다. 만약 찾으셨다면, 아이들에게도 '최적화된 삶'이 무엇이고 어떻게 찾았는지 꼭 가르쳐 주셨으면 합니다. 나답게, 나대로 살 수 있는 인생은 축복입니다.

오늘의 확언입니다.

나의 삶은 온전히 나에게 최적화되어 있다.

72

나는 충분히 생각하고

과감하게 행동한다.

아이가 점점 커갈수록 아이에게 관대해지기가 참 어렵습니다. 점점 자아가 뚜렷해지고 좋고 싫음이 분명해져 부모님이 하자는 대로 하지 않습니다. 그러면 부모님과 아이 사이의 다툼은 점점 잦아집니다.

그런데 이상하게도 다른 집 아이에게는 관대해지는 게 엄마 마음입니다. 또래 엄마가 아이 교육 때문에 이런저런 고민을 털어놓으면 "뭐, 그럴 수도 있지, 뭘 그렇게 애를 다그쳐요"라고 아주 관대하게 말합니다. 정작 자기 아이에게는 그렇게 하지 못하면서요.

저는 자녀에 대한 사랑은 기본이되, 잘못된 행동에는 엄격한 훈육이 들어가야 한다고 주장합니다. 관대해질것과 엄격할 것, 이 판단이 정말 어렵습니다. 어떤 것이 정답인지 가르쳐 주는 사람도 없습니다. 자녀별로, 사안별로, 부모별로도 다르므로 전문가 한 분의 얘기만 곧이곧대로 들을 수도 없습니다.

그래서 충분한 숙고의 시간이 필요합니다. 대신 숙고가 끝나면 실천은 과감하고 용기 있게 해야 합니다. 그리고 자신의 훈육 방식에 대해 흔들리지 말아야 합니다. 흔들리는 마음은 내 귀가 얇아서, 내 마음이 갈팡질팡해서 일어납니다. 결국 충분한 숙고의 부족 때문입니다.

생각은 신중하되 행동은 과감하게, 판단은 신중하되 결정은 과감하게, 머물 땐 신중하되 떠날 땐 과감하게, 채울 땐 신중하되 비울 땐 과감하게. 이런 게 누구나 갖고 싶은 능력인지도 모르겠습니다.

오늘의 확언입니다.

나는 충분히 생각하고 과감하게 행동한다.

73

나는 오늘도

경청하기 위해 부모가 된다.

하는 일이 상담이고 코칭이다 보니 꼭 교육이나 진로, 육아 등과 관련된 주제가 아니더라도 여러 고민을 안고 찾아오는 분들이 많습니다. 그런데 제가 모든 분야의 전문가가 아닌 이상 뭔가 획기적인(?) 솔루션을 주기는 어렵습니다. 그럼에도 자꾸 찾아오시는 걸 보면 제가 남들보다 경청을 조금 더 잘해서인 것 같습니다.

경청 관련해서 생각나는 방송이 있습니다. EBS 심야 라디오 방송의 〈경청〉이라는 프로그램입니다. 살아갈 힘이 없다고 매일이 막막하다고 전화로 고민을 토로하는 청소년들의 이야기를 패널들이 경청하고 "그랬구나"하는 공감으로 최고의 소통과 치유를 보여줍니다.

경청 중에서도 가장 어려운 것이 부모와 아이 사이의 경청입니다. 저는 아이와의 대화에서 경청에 성공하려면 패널들이 했던 것처럼 남의 이야기를 듣듯 경청하는 자세가 필요하다고 생각합니다.

내 자식이니까, 이렇게 감정이 이입되는 순간 경청은 허물어지고 맙니다. 최대한 객관성을 유지하는 것이 중요하며 다른 집 아이다, 라고 수없이 되뇌며 듣는 것이 중요합니다.

그럼에도 경청이 잘 안 될 때는 이렇게도 한번 해보면 좋습니다. 아무 말도 안 하는 아이보다 불만을 잔뜩 털어놓는 아이가 백 배, 천 배 낫다. 이 생각을 하는 순간, 지금이 얼마나 소중한지, 한 번 더 자각하게 됩니다.

오늘의 확언입니다.

나는 오늘도 경청하기 위해 부모가 된다.

74

나는 뒷모습도 아름다운 사람이다.

"뒷모습이 아름다운 당신, 감사합니다." 공중화장실 같은 곳에 가면 종종 붙어있는 글귀입니다. 화장실 사용 후 뒷마무리를 깨끗하게 하자는 뜻입니다.

평소 나의 '뒷모습'에 대해 생각해 본 적 있나요? 최근 본 어느 칼럼에서는 "뒷모습이 아름답게 보이기 시작하면 그 사람의 인생 역시도 아름답다"라고 한 문장이 기억납니다. 한 사람의 뒷모습에는 그 사람의 인생이 고스란히 담겨 있다는 뜻입니다. 실제로 사람들의 뒷모습을 유심히 보다 보면 잘 드러나지 않는 어떤 표정 같은 것도 읽히고, 인품 같은 것도 느껴집니다. 그래서 저는 첫인상처럼 강하게 기억에 남는 앞모습도 좋지만 상상하게 하고 음미하게 하는 뒷모습도 참 좋습니다.

뒷모습이란 제가 설명해 드린 이런 의미 말고도 더 많은 것을 상상하게 하는 것 같습니다. 여러 중의적인 의미가 있다고 하겠지요. 여러분도 한번 생각해 보면 좋겠습니다. 뒷모습이 아름다운 사람은 어떤 사람인지, 닮고 싶은 뒷모습을 가진 부모는 어떤 사람인지, 나의 뒷모습은 아이들에게 어떻게 비치는지.

오늘의 확언입니다.

나는 뒷모습도 아름다운 사람이다.

75

성공도 실패도 모두 유의미하다.

"강사님 저는 정말 실패와 좌절을 너무 많이 겪어봐서 제 아이만큼은 제가 했던 시행착오를 하지 않았으면 합니다. 그런데 좀처럼 아이가 제 뜻대로 움직이질 않습니다. 말도 점점 거칠어지고 통제하기 너무 힘이 듭니다."

"평소에 제가 큰소리치지 않고 좋게 얘기하거든요. 엄마 아빠가 많이 해봐서 아는데 너는 그런 일 안 겪게 하고 싶다, 이렇게 말하면 듣는 것조차 싫다는 티를 팍팍 냅니다. 그러고는 제가 알아서 할게요, 라고 말하고는 방에 쏙 들어가 버립니다. 어쩌면 좋을까요?"

많은 부모님이 공감하는 사연입니다. 다들 비슷비슷한 고민을 안고 있습니다. 저는 이렇게 말씀드리고 싶습니다.

"혹시 실패에서도 배움이 있다고 알려주는 건 어떨까요?" 이를 위해 저는 가족끼리 '실패담 이야기하기'를 제안하고 싶습니다. 방법은 간단합니다. 저녁 먹으면서 혹은 저녁 먹고 나서, 엄마 아빠가 먼저 사소한 실수도 좋고 정말 후회했던 일도 좋고, 자신의 실패 경험을 얘기하는 것입니다. 그럼 가만히 듣고 있던 아이는 별다른 말을 하지 않더라도, 엄마 아빠도 저렇게 실패를 많이 하면서 지금까지 살았구나, 이렇게 생각할 것입니다.

이야기 한 번 나눴다고, 갑자기 아이가 도전적으로 바뀌는 것은 아니지만, 아이는 이런 과정을 통해 조금씩 실패를 두려워하지 않는 어른으로 성장할 것입니다. 저는 부모로서 진짜 가르쳐줘야 할 것이 이것이라고 생각합니다.

오늘의 확언입니다.

성공도 실패도 모두 유의미하다.

76

나는 아이를 믿고 기다린다.

“선생님 정말 감당이 안 돼요. 아이가 선생님과 상담하고서 돈을 빌려 일부 갚고 남은 돈이 있다고 하던데. 몰랐어요. 지금 바로 이체해 드릴게요. 정말 죄송해요. 얼마나 제가 더 참아야 할까요?”

이른 아침에 온 카톡 내용입니다. 최근 감정코칭을 세 차례 하고 있는 아이 어머니에게서 온 카톡입니다. 제가 뭐라고 답 했을까요?

“뭐라 하지 마세요. 저는 오히려 감사한대요. 저를 비빌 언덕으로 생각하고 믿고 이야기했으니까요. 어머니는 무조건 아이 말을 믿으셔야 해요. 돈을 빌려 간 날, 지갑을 놓고 왔다면서 다음 날 바로 갚겠다고 했어요. 그냥 줄 수도 있지만, 네가 약속했으니까 반드시 지키라고 신신당부했고요. 다음날 금액이 일부 모자라긴 했지만, 아이가 약속을 지켰어요. 나머지 돈도 아이가 스스로 갚을 수 있게 해주세요. 제게 코칭을 맡기셨으니, 저를 믿고 아이가 자신이 한 약속을 지킬 수 있게 지켜봐 주세요. 어머니로서 힘드시겠지만, 지금은 믿고 기다리셔야 하고, 될 수 있으면 하고 싶은 얘기가 있더라도 줄이고, 그냥 너를 믿는다는 제스처만 취해주세요."

그렇습니다. 부모란 존재는 자녀를 무조건 믿고 기다려 주는 존재입니다. 부모는 자녀의 비빌 언덕이자 마지막 보루임을 잊지 마셔야 합니다. 참고로 그 아이는 며칠 후 빌려간 나머지 돈까지 모두 갚았습니다. 늦어서 정말 죄송해요, 라는 톡과 함께요. 해피 엔딩이죠?

오늘의 확언입니다.

나는 아이를 믿고 기다린다.

77

나는 감정 조절을 잘하는 엄마다.

"선생님 저는 아이한테 정말 잘한다고 자부하는데요. 문제는 한 번씩 감정 조절을 못 해 점수를 다 깎아 먹어요. 사실 한 번 그러고 나면, 한동안 아무 일 없이 가는데, 또 시간이 지나면 막 퍼붓고 그래요. 어떻게 해야 할까요?"

부모로서 감정 조절이 힘들어 제게 물어온 질문입니다. 여러분은 어떤가요? 감정 조절 잘 하나요? 여러분께 쉽게 감정 조절을 하는 3단계 방법을 말씀드려 보겠습니다.

1단계, 지금 느끼는 감정을 알아차리는 것부터입니다. 어떤 감정인지 자각하는 순간, 감정과 내가 분리되고, 내가 지금 어떤 상태인지 알게 됩니다. 나도 모르게 화를 내는 것이 아니라, 내가 지금 화가 났구나, 계속 화를 내야 할까 말아야 할까, 이렇게 감정을 내게서 분리하는 방법입니다.

2단계, 자각했으면 지금 내가 어떤 결과를 원하는지 생각해 보는 것입니다. 그리고 지금 이렇게 행동하는 것이 원하는 결과에 도움이 되는지 생각해 보는 것입니다. 당연히 도움이 안 되는 감정이라면,

이 상황을 벗어나거나 멈추려고 하는 이성이 작동합니다.

3단계, 명령식 표현으로 감정을 노출하지 않는 것입니다. "반드시 해!" "지금 어디가! 내 말 안 듣고!" 이렇게 감정이 실린다면 아무리 좋은 얘기를 해도 아이는 그 순간 귀를 닫아버립니다. 그러면 화만 더 날 뿐입니다.

의식적으로 노력하고 감정 조절을 해보는 연습을 해야 합니다. 이러한 노력이 아이를 위해서만일까요? 아닙니다. 아이 이전에 나를 위해서이기도 합니다.

오늘의 확언입니다.

나는 감정 조절을 잘하는 엄마다.

78

나는 아이에게

긍정의 에너지를 보낸다.

오래전 과학 시간에 양파 실험, 눈 결정체 실험, 물 실험 등을 해보셨을 겁니다. 그런데 이 실험은 지금까지도 학교에서 하는 실험이라고 합니다. 무슨 실험인지 대충 눈치채셨을 것 같은데요, 간단히 설명드리겠습니다.

두 개의 컵을 준비하고 컵마다 물을 담고 양파를 넣습니다. 그리고 일정 기간 동안 각 컵에다 서로 다른 감정의 말을 합니다. 그러면 긍정의 언어로 칭찬을 받은 양파는 잘 자라고, 부정의 언어로 욕과 비난을 받은 양파는 잘 자라지 못합니다.

이 결과는 양파뿐만이 아니라, 눈(결정체)이나 물(얼음 결정체) 등에서도 동일하게 볼 수 있습니다. 긍정의 언어로 자극했을 때 불규칙한 결정체 대신 규칙적이고 아름다운 결정체가 나옵니다. 신기하죠? (이와 관련해서는 『물은 답을 알고 있다』라는 유명한 책이 있습니다. 한 번 찾아서 읽어보면 좋을 것 같습니다.)

이러한 원리를 인간의 뇌에도 적용해볼 수 있습니다. 뇌는 부정의 말을 기막히게 잘 알아듣고, 지니처럼 명령을 받고 부정의 행동과 결과를 보란 듯이 보여줍니다. 긍정 확언을 하는 이유가 바로 이에 반하는 결과를 얻기 위함입니다.

자녀에게 비하의 말이나, 잔소리, 심지어 폭언 등은 사과한다고 해도 오랫동안 자녀의 뇌 속에 남아, 자녀의 자존감과 회복탄력성에 악영향을 미치게 됩니다.

우리 자녀에게 부정적인 말을 삼가야 하는 것에 이보다 더한 증거는 없습니다.

오늘의 확언입니다.

나는 아이에게 긍정의 에너지를 보낸다.

79

나는 오늘도

'냅도'와 '존버'를 실천한다.

아이를 향해 "언제 철 들래?"라고 말하는 것은 결국 부모 자녀 사이의 견해차 때문에 발생합니다. 부모는 아이가 어서 빨리 엄마 아빠 마음을 이해하고 그래서 잘 따라주길 바랍니다. 반대로 아이는 엄마 아빠가 자신을 좀 더 알아주고, 제 마음을 헤아려주길 바랍니다. 이런 서로에 대한 동상이몽이 모든 문제의 근원이 되고 다툼의 불씨가 됩니다.

그러면 견해차를 좁히려면 어떻게 해야 할까요? 서로 이해하자는 얘기는 그동안 많이 했으니 오늘은 그보다 서로 설득하자는 말을 해보고 싶습니다.

절정의 사춘기에 있는 아이를 설득하기 위해서는 어떤 노하우가 필요할까요? 근데, 미리 밝히자면 아이를 설득하는 것은 불가능하다고 먼저 말씀드려야 할 것 같습니다. 왜냐면, 청소년기의 아이들 뇌는 아직 완벽한 상태가 아니기 때문입니다.

질풍노도의 시간은 완벽한 사고가 어려운 시기입니다. 좀 심하게 얘기하면 정상적인 생각이란 게 어려운 시기입니다. 그러니 이런 아이들을 설득하는데 논리적인 해법이 통할 수 없습니다.

그러면 어떻게 설득해야 할까요? '냅도'와 '존버' 입니다. 이게 무슨 말이냐 하면 "내버려둬(도)"이고, "존중하며 버티기"입니다. 부모와 자녀 사이의 견해 차를 줄이는 방법은 이것뿐입니다.

해결책에 실망하셨다면 죄송합니다.

오늘의 확언입니다.

나는 오늘도 '냅도'와 '존버'를 실천한다.

80

나의 행복 기초대사량은

늘 차고 넘친다.

제가 감정코칭 할 때 또는 수업할 때 종종 하는 질문 중 하나가 "여러분 최근에 행복했던 경험 한 가지씩 말해볼까요?"입니다. 이 질문에 답하는 걸 가장 어려워하는 아이들이 초등학교 고학년부터 중고등학년 아이들까지입니다. 이 아이들은 한참을 고민한 후에야 대답을 내놓습니다.

이어서 다음 질문도 해봅니다. "행복이 뭐라고 생각해요?" 이 질문에는 조금 쉽게 답합니다. "제가 좋아서 웃고, 마음이 막 부풀어 오를 정도로 즐거운 거요."

사실, 아이들은 이미 행복이 무엇인지 잘 알고 있습니다. 그런데도 자신이 행복하지 않다거나, 최근에 행복을 느껴본 적이 없다고 말합니다. 이런 아이들을 보면, 마음이 짠합니다. 예전에 어떤 초등학교 6학년 아이가 행복을 한 번도 느껴본 적이 없다고 말해, 제가 충격을 받은 적도 있습니다.

이 정도 얘기하면, 제가 무슨 말씀을 드리려는지 금방 캐치가 될 겁니다. 부모가 되어 아이를 위해 해야 할 일이 무엇일까요? 그것은 바로 아이에게 행복한 순간을 많이 만들어주는 것입니다. 앞에서 수없이 반복하고 강조한 모든 것이 아이의 행복과 연관됩니다.

부모의 존재가 아이의 행복 때문이라고 해도 틀린 말이 아닙니다. 그리고 이것도 잊지 않으셨으면 합니다. 부모가 행복해야 아이도 행복하다는 것 말입니다. 부모의 마음챙김이 선행되어야 아이의 공부도, 아이의 진로도, 아이의 행복도 만들어집니다.

오늘의 확언입니다.

나의 행복 기초대사량은 늘 차고 넘친다.

글을 닫으며...
"나는 육아(育兒)가 육아(育我)임을 잘 안다."

"곡석 기르는 것과 자석 기르는 것이 매한가지여. 오리 새끼 기르는 것과 도야지 새끼 기르는 것도 다 한가지여. 내 속이 폭폭 썩지 않으면 아무것도 자라지 않는 법이여. 내 자석들을 키울 때는 애를 나무 그늘에 재워 놓고 논일을 했었는디, 애가 깨서 울길래 일을 할 수가 없어서 애를 때려 주고 나도 울었어. 그놈들이 자라서 시방 도회지에 나가서 일 다니는디 명절 때는 돌아와. 내가 논에서 일할 때 퍼런 곡석들 틈으로 멀리서 논두렁길을 걸어오는 내 자석들의 모

습이 보이면 눈물이 쏟아져서 치맛자락에 코를 팽팽 풀었지."

앞에서도 언급한 『김훈, 박래부의 문학기행 둘』이라는 책에 나오는 한 구절입니다. 처음 이 글을 읽고 무엇에 이끌리듯, 몇 번을 더 읽었는지 모릅니다.

그렇습니다. 우리 부모님 세대는 그렇게 헌신과 희생을 당연하게 생각했습니다. 어쩔 수 없이, 생계와 육아 사이에서 생계가 더 급했기에 그렇게 자식에게 아무것도 해주지 못하며 살았습니다.

하지만 세상은 많이 달라졌습니다. 그럼에도 변함없는 건 자식농사만큼 뿌듯한 수확은 없다는 것입니다. 자식 농사는 가장 행복한 농사이어야 하고, 농사를 짓는 부모는 헌신과 희생이 아니라 행복과 보람을 느껴야 합니다.

힘든 육아, 어떻게 하면 행복해질까요?

결론처럼 말씀드리면, '나'를 놓지 말아야 한다는 것입니다. 단언하자면, 저는 엄마인 여러분이 '나'를 놓치지 않으셨으면 합니다. 그리고 행복하셨으면 합니다. 그렇게 하고자 이 책을 썼습니다.

"실로 오랫동안 몽유운무화를 찍기 위해 짙은 운무에 빠져 살다 보니 내 얼굴을 드러낼 때가 언제인지, 내 마음을 가려야 할 때가 언제인지 알 것도 같다. 그리하여 한동안 더 운무 속에서 '즐겁게' 궁리하며, '신명 나게' 전전긍긍하는 날들이 이어질 것이다."

시인 이원규 님의 책 『나는 지리산에 산다』에 나오는 글귀입니다. 시인의 말씀처럼 여러분도 자녀와의 관계, 자녀의 미래, 자녀의 행복에 대해 즐겁게 궁리하고 신바람 나게 전전긍긍해보시면 어떨까요? 긍정 확언이 그렇게 만들어 드릴 겁니다. 바로 확언의 힘입니다.

작가 인터뷰, 10문 10답

① 어떤 일을 하시는지 알려주세요.

저는 진로코칭 전문가로 10여 년 동안 활동했습니다. 진로코칭이라 함은 말 그대로 아이가 장차 어떤 어른으로 성장하며 미래에는 어떤 직업을 선택하면 좋을지 등을 같이 탐색하고 상담하는 일입니다.

학생과 학부모를 대상으로 하며, 학부모님에게는 "좋아하는 게 없어요" "잘하는 게 없어요" 라고 말하는 자녀를 데리고 어떻게 하면 아이들이 자신의 미래나 꿈에 대해 좀 더 진지하게 고민할 수 있는지 방법과 조언을 드리고 있습니다.

오랫동안 진로코칭 활동을 하다 보니 자연스레 인성이나 학습에 대한 문제까지도 코칭을 하게 되었고, 그러면서 서울시교육청 '학부모책' 활동도 꾸준히 해오고 있습니다.

최근에는 부모와 아이 사이의 문제, 부모의 고민 등에 집중하다 보니 문제의 원인을 아이에게서 찾는 것이 아니라 나(부모)에게서 찾는 관점으로 "육아(育兒)는 육아(育我)"라는 슬로건을 내걸고 부모가 먼저 행복해야 하고, 부모가 먼저 자존감과 자신감으로 충만해야 한다는 마음챙김 강의도 하고 있습니다.

그 외 여러 기관이나 지자체, 유튜브와 방송 등으로도 열심히 활동하며 우리 아이의 꿈, 엄마의 고민을 들어주고 공감해주는 역할을 이어가고 있습니다.

② 그동안 여러 부모님, 학생 등을 만났을 텐데 가장 인상 깊었던 분 한 분씩 소개 부탁드립니다.

부모님의 경우, 4년째 제 강의를 매번 신청해서 듣는 분이 계십니다. 이제 아이들이 꽤 커서 중학생, 고등학생이 되었는데요. 강의 중에 말씀드렸던 여러 팁이나 제안 등을 잘 활용하셔서 아이들 케어는 물론이고 본인의 자기계발에도 신경을 많이 쓰는 분입니다. 그래서인지 처음 뵈었을 때와 지금이랑은 분위기며 말투며 완전 딴사람이 되셨습니다. 아이들로부터 얻는 스트레스도 줄었다고 말씀하시고, 삶에 대한 만족감도 커졌다고 말씀 했습니다. 가장 이상적으로 제 콘텐츠를 소화하신 분이었습니다.

학생의 경우는 몇년 전 만났던 중학교 1학년이었던 아이가 생각납니다. 학교 운동부 소속으로 수업에는 들어오지만, 교과 공부에는 그다지 관심이 없던 아이였습니다. 그런데 저와의 만남을 계기로 수업 태도를 비롯해 전반적인 학교생활이 확 바뀐 아이였습니다. 제 노트북 연결이나 심부름 등도 도맡아 하는 등 적극적이고 친절한 아이로 변했습니다. 지금은 어떻게 지내는지, 어떻게 성장했는지 꼭 보고 싶습니다.

③ 긍정 확언의 중요성을 강조하는 이유가 무엇인가요?

변화도 빠르고, 경쟁도 치열하다 보니 많은 분들이 불안과 걱정으로 정서 상태가 좋지 않습니다. 그래서 유명 명의들을 어렵게 예약해서 만나기도 합니다. 그런 다음 위로도 받고 솔루션도 받습니다. 그런데 문제는 그 같은 일을 얼마나 자주 할 수 있느냐입니다.

제가 요즘 많이 말씀드리는 게 "어머님이 오은영 박사가 되세요. 어렵지 않아요"입니다. 하루 24시간 매일 감정의 롤러코스터에 오르면서 외부 전문가로부터 치유를 받고자 한다면 불가능에 가깝습니다. 스스로 내 마음을 컨트롤하고 챙기는 것이 가장 좋은 방법입니다. 이때 해볼 수 있는 최고의 방법이 확언입니다.

사람은 저마다 각자의 생활에 대해 만족, 불만족이 있습니다. 만일 지금의 상황이 불만이라면, 그동안 항상 해온 생각의 결과입니다. 바꿔 말하면, 생각을 바꾼다면 만족스러운 현실을 재창조할 수 있다는 뜻입니다. 바로 우리가 긍정적인 생각과 자기암시 같은 확언을 해야 하는 이유입니다.

④ 확언이라는 게 전반적으로 다짐 같다는 생각이 드는데요. 다짐을 매일같이 해야 하는 이유는 무엇인가요?

습관이 되기 위해서는 일정한 시간이 반드시 필요합니다. 일시적인 한 번의 행동으로 변화를 가져올 수는 없습니다. 체화되기까지는 사람마다 다르지만 한 달 이상은 매일같이 반복해야 합니다. 비슷한 메시지이고, 비슷한 성격의 글이라도 반복적으로 읽고 생각해야 하는 이유가 이 때문입니다. 아는 것과

아는 것을 실천하는 것에는 엄청난 차이가 있습니다. 안다고 다 내 것이 되는 게 아니라 실천할 때 진짜 내 것이 됩니다.

⑤ 긍정 확언을 오래전부터 직접 하고 계신다고 들었습니다. 확언을 통해서 개인적으로 얻은 것은 무엇인가요?

사실 확언을 처음 시작할 때는 저조차도 반신반의했습니다. 말만 하면 된다는데, 그럼 누가 안 하겠어? 하면서요. 그런데 실제로 긍정 확언을 하고 나서 제 버킷리스트 중 하나였던 작가가 되었고요. 작가가 된 다음에는 다른 사람들에게 "선한 영향력을 미치는" 일을 자연스럽게 하게 되었습니다. 결론적으로 말씀드려 긍정 확언을 함으로써 나의 마음챙김은 물론이고 이를 바탕으로 굉장한 에너지를 끌어모을 수 있었습니다. 그러다 보니 모든 생각과 행동들의 결과가 좋아졌습니다. 긍정의 선순환을 알게 되었습니다.

⑥ 독자가 이 책을 따라 확언을 하게 되면 실질적으로 어떤 문제가 해결되나요? 다짐과 위로만으로도 충분한 목적을 이루는 건가요?

확언을 통한 마음챙김을 하고 좋은 에너지가 선순환되면 자연스레 내 옆의 타인에게 전달되고, 그 결과 여러 가지 좋은 일들이 나로부터 파생됩니다. 반대로 타인으로부터 생성된 좋은 에너지가 끌어당김의 법칙을 통해 저에게 몰려오기도 합니다. 그런 다음에는 이를 지속하는 것이 중요한데, 우리가 긍정 확언 습관을 만든 이유이기도 합니다.

⑦ 확언의 내용이 무조건 아이를 믿고 기다리고 받아들이라고 말씀하시는 것 같습니다. 하지만 때로는 따끔한 훈육이 필요할 때도 있지 않나요? 어떤 때인가요?

아이를 사랑하고 믿고 기다리는 것은 기본이지

만, 행동에는 분명한 원칙이 필요합니다. 즉, 따끔한 훈육이 중요한 것이 아니라 분명한 원칙에 따른 책임과 의무를 가르쳐야 합니다. 부모님 입장에서 자녀와의 싸움을 피하려고 원칙 없이 오케이를 남발할 때가 있습니다. 그런데 그랬다가는 오히려 더 큰 싸움이 납니다. 어머니와 아이가 함께 룰을 정하고, 그 룰을 위반했는지 안 했는지를 묻고, 어겼을 때는 어떻게 하기로 했는지 다시 묻고, 이런 과정을 거쳐야 서로 싸우지 않게 됩니다.

아이와 눈높이를 맞추고 자연스러운 행동의 변화를 기다리려면 매번 스스로를 다잡는 인내의 과정이 필요합니다. 확언이 그 과정을 도와줄 것입니다.

⑧ 좋은 대학, 나아가 좋은 직장에 대한 욕구는 모든 부모님(학생 포함)이 갖고 있습니다. 이를 부정할 수는 없다고 생각합니다. 확언하는 것과 좋은 대학 좋은 직장을 갖는 것 사이에는 무슨 연관이 있나요?

단언해서 말씀드리면, 확언이 좋은 대학을 가고 좋은 직장을 얻는 것과는 아무런 관계가 없다고 말씀드리고 싶습니다. 하지만 전혀 없는 것도 또 아닙니다. 확언은 어떤 영험있는 주문이 아닙니다. 뭐든 바로 이루어지게 만드는 요술 램프는 아닙니다. 확언은 선한 에너지를 만들어 내는 심리 도구입니다. 확언을 하면 부자가 된다는데요, 확언을 하면 좋은 대학에 들어간다는데요, 이렇게 생각하고 아무런 노력을 하지 않는다면, 그것처럼 한심한 일은 없습니다.

확언은 좋은 대학, 좋은 직장을 갈 수 있는 자격을 주는 것이 아니라, 그러는 데 필요한 마음가짐과 노력의 태도를 가르쳐 줍니다. 나로부터 비롯되는 선한 동기와 에너지가 선순환의 과정을 거쳐 좋은 결과를 가져온다, 그렇게 보시면 좋겠습니다.

⑨ 확언을 통해서 엄마의 마음챙김이 문제 해결의 근본임을 강조하셨다는 생각이 듭니다. 부모에게 마음챙김이 중요한 이유는 무엇인가요?

자신의 감정을 마음대로 선택할 수 있는 사람은 드뭅니다. 화가 나는 감정을 누가 선택하고 싶어서 했나요? 그냥 나도 모르게 화가 나는 거죠. 그런데 화가 나는 감정은 선택못해도 그것이 지금 적절한지 그렇지 않은지는 알 수 있습니다.

나를 안다는 것은 결국 내 마음을 알아차리고 내려놓을 것과 비울 것을 아는 성찰의 과정과도 같습니다. 이 과정이 바로 마음챙김입니다. 나를 알고서, 그래서 나와 관계된 아이가 어떤 존재인지 좀 더 명확히 인지한다면, 아이와 관계된 일에 있어서도 평정심을 얻을 수 있습니다.

⑩ 이 책을 읽으실 독자에게 하고 싶은 마지막 말씀 부탁드립니다.

저도 엄마입니다. 아이 둘을 키우고 있습니다. 직접 아이를 키워보고, 여러 엄마를 만나서 많은 얘기를 나누다 보니 육아라는 것이 아이만 성장하는 것이 아니라 엄마인 나도 함께 성장하는 것이라는 걸 알게 되었습니다.

육아의 시간만큼은 아이와 부모가 함께 성장하는, 인생에 다시 오지 않을 가장 숭고한 시간입니다. 좋은 부모가 행복한 게 아니고 행복한 부모가 좋은 부모입니다. 아무쪼록 긍정 확언의 경험을 통해 아이와 좋은 관계를 유지하고 아이도 부모도 매일 행복했으면 합니다.

엄마부터 행복해지겠습니다 :
궁정 확언 습관

초판 1쇄 발행 2023년 9월 1일

지은이 신여윤
펴낸이 이승현
디자인 페이지엔

펴낸곳 좋은습관연구소
출판신고 2023년 5월 16일 제 2023-000097호

이메일 buildhabits@naver.com
홈페이지 buildhabits.kr

ISBN 979-11-983919-9-5 (13370)

좋은습관연구소에서는 누구의 글이든 한 권의 책으로 정리할 수 있게 도움을 드리고 있습니다. 메일로 문의주세요.